Theodore Zeldin
Der Rede Wert

Zu diesem Buch

Gespräche sind das beste Mittel gegen Langeweile, Streit, Mißverständnisse und Beziehungskrisen. Wie funktioniert diese Art der Kommunikation, und warum fällt es manch einem leichter, mit einer Maschine zu sprechen als mit seiner eigenen Frau? In sechs Gesprächen zeigt Theodore Zeldin, wie das Gespräch unsere Sicht auf die Welt und sogar die Welt selbst verändert. Er schildert, welche Rolle das Gespräch am Arbeitsplatz hat, wie ein Gespräch Menschen und Ideen zusammenbringt, welche Sprachen zwischen Liebenden gesprochen werden und warum das Gespräch zu einem Abenteuer werden kann. Zeldin gibt am Ende seines wunderschön illustrierten Buchs sechsunddreißig ganz konkrete und inspirierende Gesprächsvorschläge.

Theodore Zeldin, geboren 1933, lehrte Geschichte an den renommiertesten Universitäten der Welt. Als Autor hat er sich unter anderem mit »Eine intime Geschichte der Menschheit« einen Namen gemacht. Die britische Zeitung »Independent« setzte ihn auf die Liste jener weltweit vierzig Menschen, deren Ideen das neue Jahrtausend nachhaltig beeinflussen werden. Der vorliegende Band basiert auf Zeldins erfolgreichen BBC-Sendungen zu diesem Thema.

Theodore Zeldin
Der Rede Wert

Wie ein gutes Gespräch Ihr Leben bereichert

Aus dem Englischen von
Wolfgang Rhiel

Mit 36 Bildern des Autors

Piper München Zürich

Ungekürzte Taschenbuchausgabe
Mai 2001

Titel der englischen Originalausgabe:
»Conversation«, The Harvill Press,
London 1998

Umschlag: Büro Hamburg
Stefanie Oberbeck, Isabel Bünermann
Umschlagabbildung: Theodore Zeldin
Foto Umschlagrückseite: Nina Eirin Rangoy
Satz: Kösel, Kempten
Druck und Bindung: Clausen & Bosse, Leck
Printed in Germany ISBN 3-492-23321-X

Inhalt

Die Bilder

Das Gespräch ist ein Spiel, in dem man versucht Gedanken zu lesen, ein Rätsel. Wir müssen ständig erraten, warum andere sagen, was sie sagen. Wir können uns nie sicher sein, wann Wörter miteinander tanzen, Meinungen schmeicheln, Bilder sich herausschälen, Themen sich eröffnen. Aber wir können wendiger werden, wenn wir wollen.

Wie die Liebe kann auch das Gespräch vom Spiel der Äußerlichkeiten angeregt werden. Ich habe in meinen Text deshalb als Aphrodisiakum einige Bilder eingestreut. Ich hoffe, daß diese Bilder durch die verschiedenen Vorstellungen, die sie beim Betrachter auslösen, eine Diskussion über die verschiedenen Richtungen anregen, die unsere Phantasie gern einschlägt. Selbst wenn Aphrodisiaka nicht wirken, vermitteln sie doch zumindest eine Ahnung von den seltsamen Possen, die sich in unseren Köpfen abspielen.

An das Ende des Buches habe ich sechsunddreißig Gesprächsthemen gestellt, die alle durch jeweils eines dieser Bilder angestoßen wurden. Es sind Fragen über das Gespräch. So wie Liebende ihre Liebe durch endloses Reden über die Liebe vertiefen und erklären, so müssen diejenigen, die begierig auf befriedigendere Gespräche sind, über das Gespräch reden. Über die Liebe gibt es unzählige Gedichte, aber über das Reden praktisch kein einziges. Wir müssen uns also einen bescheidenen Ersatz einfallen lassen.

Erste Worte

1

Wie jede neue Zeit das Gesprächsthema wechselt

»Reden tut gut«, verkündet die Werbung der British Telecom. Aber das ist selbstverständlich nur die halbe Wahrheit. Niemand könnte einfach behaupten, »Essen tut gut«, ohne hinzuzufügen, daß vieles von dem, was wir gern essen, gar nicht gut für uns ist. Würden wir uns bei Gesprächen an Diätvorschriften halten, so wie wir es beim Essen tun, würden sie uns vor vielen Arten des Redens warnen, und es wäre gar nicht so einfach zu sagen, wo wir die *Haute cuisine* des Gesprächs kosten könnten.

»Reden tut gut« ist der Slogan des 20. Jahrhunderts, das seinen ganzen Glauben in den Ausdruck der eigenen Persönlichkeit, den Austausch von Informationen und den Versuch gesetzt hat, verstanden zu werden. Aber Reden ändert nicht unbedingt die eigenen Gefühle und Ideen oder die anderer Menschen. Ich glaube, das 21. Jahrhundert muß den Ehrgeiz entwickeln, nicht das Reden zu fördern, sondern das Gespräch, das den Menschen verändert. Ein echtes Gespräch entflammt die Beteiligten. Es bedeutet mehr, als nur Informationen auszusenden und aufzunehmen.

Nachahmer

Es gibt Tausende von Büchern, die vorgeben, vom Gespräch zu handeln, und Hinweise geben, wie man schmeichelt oder betrügt, verführerisch wirkt oder gewandt klingt, oder wie man mit Leuten wie Clark Gable fertig wird, der Ava Gardner zufolge zu »der Sorte Männer gehörte, der auf ein ›Hallo, Clark, wie geht's dir?‹ nichts zu antworten wußte«. Aber ich werde Ihnen nicht noch eine weitere Sammlung von Rezepten bieten, die Ihnen einen Redestil garantieren, mit dem Sie vor Ihren Freunden brillieren können. Das Gespräch, das mich interessiert, ist jenes, das Sie mit der Bereitschaft beginnen, aus ihm als ein etwas anderer Mensch hervorzugehen. Es ist immer ein Versuch, für dessen Ergebnisse es keine Garantie gibt. Es birgt Risiken. Es ist ein Abenteuer, bei dem wir uns einig sind, gemeinsam die Welt so zuzubereiten, daß sie etwas weniger bitter schmeckt.

Alles, was ich Ihnen hier erzähle, ist das Ergebnis von Gesprächen. Mein letztes Buch war das Ergebnis von Gesprächen, die ich mit Frauen aus achtzehn Ländern darüber geführt habe, was ihnen am wichtigsten ist, über ihre Wünsche und Ängste. Das brachte mich dazu, auch die Gespräche von Frauen und Männern der Vergangenheit in den verschiedensten Kulturen zu erforschen, die sie über ihre Wünsche und Ängste geführt haben. Seit dieser Zeit unterhalte ich mich mit Menschen darüber, wie sie ihre Gespräche führen. Ich habe über Gespräche gelesen soviel ich konnte, was bedeutete, mit Autoren zu sprechen, die ich nur auf dem Papier kennenlernte. Dann habe ich über all das nachgedacht, also ein Gespräch mit mir selbst geführt. Die Ergebnisse besprach ich mit meiner Frau Deirdre Wilson, die viele Jahre lang untersucht hat, was im Kopf von Menschen vor sich geht, wenn sie miteinander reden; wir waren unterschiedlicher Meinung und stritten und brachten uns auf Gedanken, die uns bis dahin nicht gekommen waren.

Gerade diese Seite fasziniert mich am Gespräch ganz besonders: wie das Gespräch unsere Sicht der Welt und sogar die Welt selbst verändert. Ich möchte darstellen, wie es dazu kommt.

Aber wie können Gespräche einen so großen Unterschied bewirken? Sie können es nicht, wenn man glaubt, daß die Welt von allmächtigen wirtschaftlichen und politischen Kräften beherrscht wird, daß der Konflikt das Wesentliche im Leben ist, daß der Mensch im Grunde ein Tier ist und die Geschichte lediglich ein langer Kampf ums Überleben und Beherrschen. Wenn Sie davon überzeugt sind, können Sie nicht viel ändern. Dann können Sie nur Gespräche führen, die Sie ablenken oder unterhalten. Ich sehe die Welt jedoch mit anderen Augen: als eine Welt von Menschen, die einen Partner suchen, einen Geliebten, einen Guru, Gott. Die wichtigsten, das Leben verändernden Ereignisse sind die Begegnungen dieser Menschen. Einige Menschen wer-

Das Tor zwischen dem Öffentlichen und dem Privaten

den enttäuscht, geben die Suche auf und werden zu Zynikern. Aber einige suchen weiter nach neuen Begegnungen.

Der Mensch hat die Welt schon mehrere Male dadurch verändert, daß er die Art geändert hat, in der er Gespräche führt. Es hat im Gespräch Revolutionen gegeben, die genauso bedeutend wie Kriege, Aufstände und Hungersnöte waren. Wenn Probleme unlösbar schienen, wenn das Leben scheinbar sinnlos war, wenn Regierungen machtlos waren, haben die Menschen manchmal einen Ausweg gefunden, indem sie den Gesprächsgegenstand, ihre Gesprächsgewohnheiten oder ihre Gesprächspartner wechselten. Das hat uns in der Vergangenheit die Renaissance, die Aufklärung, die Moderne und die Postmoderne beschert. Jetzt ist es an der Zeit für das Neue Gespräch.

In der Vergangenheit hatten die meisten Menschen zu große Angst, viel zu reden, in der Öffentlichkeit und selbst privat. Es war zu gefährlich, peinlich oder schmerzlich. Es gibt noch immer Orte, an denen es gefährlich ist zu sprechen. Die Mächtigen haben immer gewußt, daß Gespräche eine Bedrohung für sie sind. Die Welt wurde in ihrer Geschichte größtenteils durch das einschüchternde oder ausweichende Gespräch regiert. Wir können die Furcht nicht völlig abschaffen, aber wir können Ängste so umdirigieren, daß sie statt des Kleinmuts die Großmut anregen.

In Zeiten, in denen die Menschen es wagten zu reden, behandelten sie die Worte so, als hätten sie

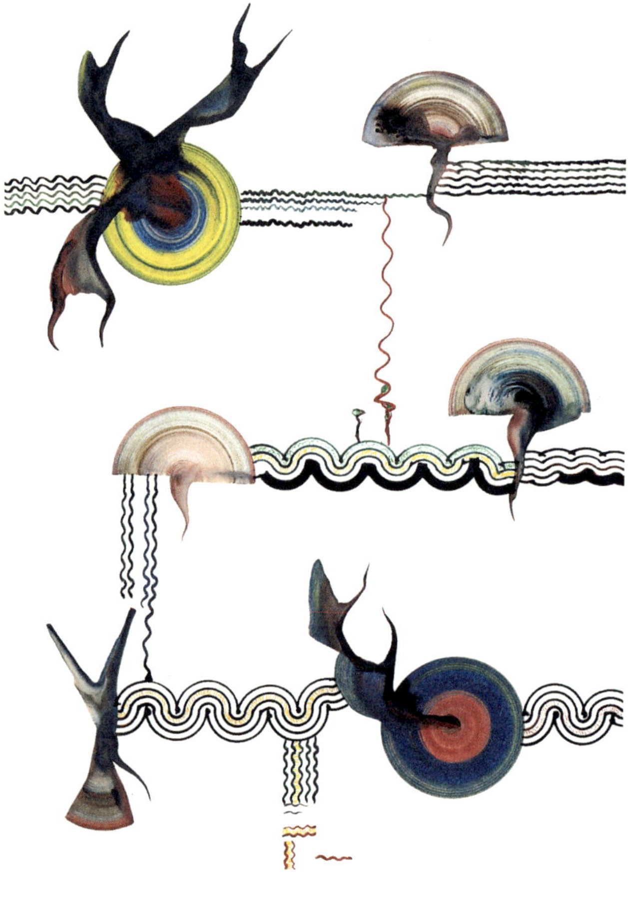

Emotionale Wellenlängen

einen fast göttlichen Rang und müßten geachtet, gepflegt und geschmückt werden. Das hatte herrliche Musik zur Folge. Einige Menschen entdeckten dabei auch, wie sie Worte nutzen könnten. Sie versuchten, sich mit Rhetorik durchzusetzen, und packten das, was sie zu sagen hatten, um es anziehender zu machen, in schöne Worte – in Metaphern, Alliterationen, Wiederholungen, Ironie und Paradoxa. Die Verpackung wurde dabei manchmal wichtiger als das, was gesagt wurde.

Die Dichter Wordsworth und Samuel Rogers erzählten einmal von einem Besuch bei Coleridge, einem der großen Vertreter der Redekunst, der zwei Stunden auf sie einredete, ohne ihnen die Chance zu geben, auch nur ein einziges Wort zu erwidern. Rogers erinnert sich wie folgt: »Als wir das Haus verließen, gingen wir eine Weile schweigend nebeneinander her.

›Was für ein wunderbarer Mann!‹ rief Wordsworth aus.

›Wirklich wunderbar‹, sagte ich.

›Diese Gedankentiefe, dieser Reichtum des Ausdrucks‹, fuhr Wordsworth fort.

›So jemanden wie ihn habe ich noch nie gehört‹, bemerkte ich.

Erneut eine Pause.

›Bitte‹, fragte Wordsworth, ›haben Sie genau verstanden, was er über die Kantsche Philosophie gesagt hat?‹

›Nicht genau.‹

›Oder über die Vielzahl der Welten?‹

›Das kann ich nicht behaupten. Ja, um der Wahrheit die Ehre zu geben, ich habe vom Anfang bis zum Ende keine Silbe seines Monologs verstanden.‹

›Ich ebensowenig‹, erklärte Wordsworth.«

Die Rhetorik machte das Gesagte überzeugend. Sie wurde zuweilen als Trickkiste genutzt und sollte andere bewegen, zuzustimmen, in Verzückung zu geraten und zu bewundern, was immer man sagte. Man errang Macht durch den Gebrauch von Worten. Die Rhetorik wurde zu einer Kost, fast wie die einfache Küche, die die Speisen mit Saucen und Gewürzen überzieht und das verbirgt, was darunter ist. Die Menschen hatten Freude daran, weil sie sich gerne umgarnen ließen, und sie wurden die Sklaven dessen, was sie für Schönheit hielten. Eine Auseinandersetzung zu gewinnen wurde zum Ersatz für das Herausfinden der Wahrheit. Andere zur Zustimmung zu zwingen wurde zur Quelle der Selbstachtung. Die Rhetorik wurde zur Waffe in einem Krieg, der Millionen unterjochte.

Aber im Leben gibt es Interessanteres, als die eigene Rüstung auf Hochglanz zu bringen. Die Menschen lehnten diese Art des Redens immer häufiger ab, und zwar aus zwei ganz verschiedenen Gründen. Sie war als Werkzeug für eine exakte wissenschaftliche Beschreibung offenbar nicht zu gebrauchen, tatsächlich sogar ein Hindernis, weil sie mit Analogien und lyrischen Vergleichen ablenkte. Das wachsende Interesse an der Wissenschaft führte zu einem Stilwandel. Klar und schnörkellos zu sprechen und zu schreiben zwang die Menschen, eine wissenschaftlichere Haltung einzunehmen und der Magie und dem Aberglauben abzuschwören. Die Menschen begannen auch, die Rhetorik als antidemokratisch zu kritisieren: Sie war versnobt, bewußt unklar und unterdrückte echte Gefühle. Man empfand sie als eine Kultivierung affektierten Verhaltens, als Wunsch, etwas Besseres zu sein. Die klare Sprache triumphierte im 19. Jahrhundert in den Vereinigten Staaten und zwang die vornehme Gesellschaft, andere mit ihrer Etikette und dem Getue nicht mehr zu tyrannisieren. Die klare Sprache entartete jedoch gelegentlich zu einer Absage an die Gepflogenheiten sowie einer Bewunderung für die Sprache der Ungebildeten. Sie wurde noch unverständlicher als die Rhetorik. Ähnlich wurde die wissenschaftliche Klarheit so weit getrieben, daß sie zum Jargon verkam, der nur noch Eingeweihten verständlich war. Die Wissenschaftssprache war mit Schonkost vergleichbar, die klare Sprache mit Fast food.

Die Gesprächsmuster blieben männlich, bis die Frauen das Thema wechselten. Sie machten deutlich, daß das Sprechen über Gefühle nicht nur den Umgang der Geschlechter miteinander verbessern, sondern auch Brutalität und Aggression generell abbauen konnte. Dieses neue Gespräch war wie die vegetarische Küche: Es überzeugte nur eine Minderheit. Die meisten Männer blieben

Ein hartes Wort

weiterhin lieber bei Zoten, Klamauk, Fachsimpelei oder wissenschaftlichen Streitgesprächen, denen sie sich hingeben konnten, wenn die Frauen nicht dabei waren.

Im 20. Jahrhundert wurde erneut ein großer Versuch unternommen, das Gesprächsthema zu ändern und Rassismus und Sexismus aus dem Gespräch zu verbannen. Dieser Versuch war zwar nur zum Teil erfolgreich, hat sich aber nachdrücklich darauf ausgewirkt, wie Menschen sich zueinander verhalten. Natürlich können Beschränkungen der Sprache in überzogene »Political Correctness« und eine neue Art der Unterdrückung ausarten. Jede Schlankheitskost hat ihre Gefahren.

Selbst das witzige Gespräch. Witz, der den Ballon bombastischen Schwadronierens platzen läßt, ermöglicht dem Schwachen, den Starken auf Normalmaß zu stutzen. So nutzte Charles Lamb sein Stottern durch kleine Unterbrechungen und seine Weigerung, das Leben zu ernst zu nehmen, zu seinem Vorteil. Als ein Arzt einen täglichen Spaziergang auf nüchternen Magen empfahl, fiel Lamb ihm mit »Wessen Magen?« ins Wort. Witz hat die Menschheit von der Langeweile befreit, die sich bei den meisten Gesprächen einstellt, und vor Rednern geschützt, die sich an den eigenen Worten berauschen. Aber Witz kann wie die *Nouvelle cuisine* sein. Man ist vielleicht geblendet, bleibt aber hungrig. Er kann den Geist schärfen, besitzt aber an sich keinen Nährwert.

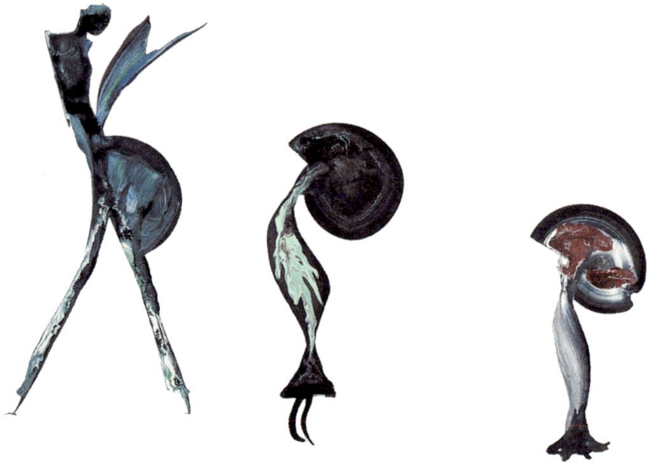

Eine vergeudete Begegnung

Lillian Glass, Hollywoods führende Expertin in Sachen Reden, die den Stars das Sprechen beibringt, lüftet in einem Buch einige ihrer Geheimnisse: »Als Kommunikationsexpertin glaube ich, daß sämtliche Kommunikationsprobleme zu lösen sind.« Die britische Telefongesellschaft, die uns erklärt hat, daß Reden guttut, hat jedem Haushalt im Land eine Broschüre geschickt, die erläutert, wie ein Gespräch verständlich und vernünftig wird, und hebt vor allem Klarheit hervor. Aber wir brauchen mehr als einen Gelben Engel, der die Gespräche soweit repariert, daß sie nicht mehr stehenbleiben. Wir müssen für uns entscheiden, wohin wir fahren und wofür wir die Kraft des Gesprächs nutzen wollen.

Beim Gespräch geht es nicht nur darum, Informationen weiterzugeben oder jemandem Gefühle anzuvertrauen, und auch nicht einfach nur darum, anderen die eigenen Ideen in den Kopf zu setzen. Fachleute können uns helfen, die Mechanismen zu verstehen. Doch nach einer bestimmten Methode besseres Plaudern lernen zu wollen, etwa nach dem Muster der Anweisungen von Masters und Johnson für guten Sex, wird uns nicht sehr weit bringen.

Das Gespräch ist eine Begegnung von Menschen mit unterschiedlichen Erinnerungen und Gewohnheiten. Wenn Menschen zusammenkommen, tauschen sie nicht nur Tatsachen aus: Sie wandeln sie um, geben ihnen eine andere Gestalt, ziehen unterschiedliche Schlüsse aus ihnen, lassen sich auf neue Gedankengänge ein. Ein Gespräch mischt nicht nur die Karten neu, es bringt ganz neue Karten ins Spiel. Das ist es, was mich interessiert. Das macht es aufregend. Es ist wie ein Funke, den zwei Menschen schlagen. Und worum es mir schließlich geht, ist, welches neue sprachliche Festmahl man aus diesen Funken zaubern kann.

Viele Menschen verrichten zum Beispiel eine Arbeit, die langweilig ist oder sie als Individuen nicht interessanter macht. Ich möchte zeigen, wie ein neues Gespräch das ändern könnte. Viele unserer privaten Gespräche tragen nichts dazu bei, uns reicher zu machen. Gibt es – jenseits der Anmache – eine neue Sprache der Liebe zu erlernen, die uns hilft, einander mit mehr Achtung zu begegnen? Die Technologie hat Streß und Unruhe in unser Leben gebracht. Kann ein neuer Gesprächstyp uns den Mut geben zu erkennen, daß wir selbst wählen können? Den meisten Religionen fällt es schwer, miteinander zu kommunizieren. Gibt es wenigstens die Möglichkeit, zu lernen, sich mit Wohlwollen zu unterhalten? Ich denke, das alles ist möglich, und ich möchte es im folgenden Gespräch erklären, leider nur ein Monolog, ein halbes Gespräch. Ich bedaure, nicht hören zu können, was Sie dazu sagen oder denken oder als Protest herausschreien. Wie gerne würde ich es hören.

Aber lassen Sie es mich versuchen und auf einen Einwand eingehen, der Ihnen kommen könnte. Bestimmt hat nicht jeder die Gabe, sich zu unterhalten: Was ist mit all denen, die von Natur aus schweigsam sind oder introvertiert, und was ist mit den vielen schüchternen Menschen? Welche Rolle könnten sie spielen, wenn das Gespräch die wichtigste Art des Austausches und das entscheidende Mittel des Wandels werden sollte?

Ich glaube nicht, daß man gesprächig sein muß, um sich unterhalten zu können, oder gar geistig besonders rege. Pausen in einem Gespräch sind nichts Schlimmes. Einer der bemerkenswertesten Redner in der Geschichte, der französische Diplomat Talleyrand, der unter einer einsamen Kindheit und einem körperlichen Gebrechen litt, saß in Gesellschaft oft lange da, ohne ein Wort zu sagen, äußerte dann aber plötzlich etwas, was die Anwesenden nach eigenem Bekunden nie mehr vergaßen. Was zählt ist, ob man bereit ist, selbständig zu denken und zu sagen, was man denkt. Viele Menschen sind das nicht, entweder weil man ihnen zu oft erklärt hat, daß sie nichts Besonderes sind, und weil sie meinen, nichts Wichtiges zu sagen zu haben, oder weil sie vom Leben zu viele Rückschläge erhalten haben.

Meine Antwort lautet, daß normale Menschen immer wieder unerwartet mit den erstaunlichsten Aussagen hervortreten, wenn sie den Mut dazu finden. Mut ist das wichtigste. Die lohnendste Entdeckung, die ich bei meinen historischen Untersuchungen gemacht habe, hing damit zusammen, wie Menschen, die sich nicht für mutig halten, ihre Zurückhaltung, ihr Zögern vergessen und etwas Mutiges tun. Mäuse haben schon öfter, als uns bekannt ist, Berge versetzt. Und da so viele von denen, die Macht und Autorität haben, es versäumen, die Berge für uns zu versetzen, wollen wir sehen, was wir selbst unternehmen können, und den eigenen Kopf und die eigene Zunge gebrauchen.

2

Warum das Gespräch zwischen Liebenden in eine neue Richtung geht

In den Nachrichten heute morgen hat man vergessen, uns zu sagen, wie viele Beziehungen, Verlobungen und Affairen gestern zerbrochen sind. Und wie viele davon scheiterten, weil die Frau sich darüber beklagte, daß der Mann nicht genug mit ihr rede. Die Stanford University berichtet, heutzutage fühlten sich fünfzig Prozent der amerikanischen Männer in der Gesellschaft von Frauen unwohl, und Flirten sei eine aussterbende Kunst, weil die Männer sich fürchteten, der Belästigung bezichtigt zu werden. Untersuchungen in England belegen das gleiche. Was hat es für einen Sinn, sich nach ausführlichen Gesprächen zu sehnen, wenn immer mehr Studien zeigen, daß »man nach den ersten vier Minuten sagen kann, ob jemand ein Freund, ein Geliebter oder lediglich eine Bekanntschaft wird«?

Im Verlauf der Geschichte hat der Mensch verschiedene Arten des Gesprächs zwischen Liebenden erfunden, die unseren Beziehungen jeweils eine andere Form gegeben haben. Doch sie sind wie Sprachen, deren Wortschatz unzureichend ist. Wir müssen eine neue Form der Kommunika-

Die Zeichen der Liebe

tion zwischen Liebenden finden, die unseren heutigen Wünschen genügt.

Der übliche Weg, sich einer Frau zu nähern, war der, sie zu umwerben. Werben bedeutete ursprünglich, die eigene Stärke und seinen Wohlstand herauszustellen, die Frau zu beeindrucken und sie zu erobern. Dazu bedurfte es nur weniger Worte. In einem chinesischen Sprichwort heißt es: »Wir sprechen miteinander, indem wir zusammen essen.« Die Frauen setzten ihrerseits häufig auf Zauber, weniger auf das Gespräch, um einen Mann anzulocken und um ihn dann davon abzuhalten, mit anderen Frauen fortzugehen.

Im 15. Jahrhundert kam ein neuer Begriff in Mode: jemandem den Hof machen. »Hofmacher« beiderlei Geschlechts, die viele Stunden in Gesellschaft des oder der anderen verbringen mußten, entwickelten eine Art Spiel. Früher hatte der Mann die Frau umworben. Den Hof machte man sich gegenseitig. Das zentrale Gesprächsthema dabei war die Treue und ob der Treueschwur gehalten wurde. Aber die männlichen »Hofmacher« sagten: »Ein Hofmacher gelobt, jeder Dame den Hof zu machen, aber keiner treu zu sein.« Wurde dieses Spiel brillant gespielt, war es angeregte Konversation darüber, was Liebe und Treue bedeuten, welches die Ideale der Liebe sein sollten, ein Spiel, das mit ausgesuchter Höflichkeit gespielt wurde. Wurde das Spiel jedoch von Emporkömmlingen gespielt, denen es um gesellschaftlichen Aufstieg ging, war es Lug und Trug.

Erste Eindrücke

Eine dritte Sprache, die bürgerliche Unterhaltung, wurde von einem Italiener namens Guazzo populär gemacht, dessen 1574 erstmals erschienenes Buch fast umgehend ins Englische und andere Sprachen übersetzt wurde. Guazzo ging es vor allem um Weltläufigkeit, darum, gesittet zusammenzuleben, ohne Streit oder Gewalt. Er empfahl Aufrichtigkeit und Freundlichkeit, Aufmerksamkeit gegenüber den Gefühlen einer Frau, ihre Liebe dadurch zu erringen, daß man ihre guten Eigenschaften entdeckte, Worte zu gebrauchen, nicht Zwang. Guazzo erklärte: »Ein Mann kann ohne Unterhaltung kein richtiger Mann sein.« Aber er wurde nur von einer kleinen Elite gelesen (darunter auch George Washington). Die Welt verherrlichte weiterhin die Gewalt, und so konnte sich seine Idee von der kameradschaftlichen Ehe nicht durchsetzen.

Eine vierte Sprache ist die romantische, die von Dichtern und Romanschriftstellern propagiert wurde. Zunächst war sie die Sprache der Revolution, die der Liebenden gegen ihre Eltern, der Frauen gegen die Kontrolle über ihre Neigungen. Sie erhob den Sex zur Verkörperung der Liebe. Ihr Hauptthema war die Leidenschaft. Doch sie beruhte auf zwei unannehmbaren Voraussetzungen: darauf, daß die Männer ihre Partnerin idealisierten, so daß sie sie gar nicht richtig zu kennen brauchten, und auf der Verklärung der Liebe als einer nicht beherrschbaren Himmelsmacht, der man sich bereitwillig hinzugeben

Er liebt mich, er liebt mich nicht

hatte. Sie ging davon aus, daß Leiden ein wesentlicher Bestandteil der Liebe ist und die Neurose eine verbreitete Folge. Sie ließ, wie Boswell schreibt, Männer sogar »vorgeben, jede Art von Qual zu verspüren, die berühmte Vorbilder schon einmal erlebt hatten«. Das Leben ahmte Romane und Gedichte nach, die das Drehbuch für uns schrieben.

Aber natürlich gelang es nicht jedem, wie ein »Hofmacher« oder ein Dichter zu sprechen. Auch wenn viele Leute die Scherze und Komplimente auswendig lernten, die in Benimmbüchern gesammelt waren, neigten doch, wie Swift beobachtete, viele Gespräche dazu, rasch zu ersterben, »wie ein Feuer ohne Nahrung«. Viele Männer wollten offenbar nicht hören, was die Frauen zu sagen hatten, und konnten nichts Falsches an Jane Austens betrübter Bemerkung finden, daß Schwachsinn bei Frauen ihre persönlichen Reize erheblich steigere. Mrs. Trollope, die in den 30er Jahren des vorigen Jahrhunderts Amerika besuchte, beklagte, daß die beiden Geschlechter kaum ohne erhebliche Einschränkungen oder Langeweile miteinander verkehrten. Ein Jahrhundert später schrieb Olive Heseltine, daß das Gespräch mit den jungen Männern Englands für fast alle Frauen weder interessant noch verständlich sei.

Die Tragödie des 20. Jahrhunderts war, daß es keine Modelle für eine neue Gesprächsform zwischen Liebenden entwickelte. Der Film reduzierte den Dialog auf ein Minimum: »Einen Film drehen«, sagte Truffaut, »heißt die Kamera auf schöne Frauen richten.« Die Cowboys, die John Wayne verkörperte, schwiegen in der Regel. In einem Film sagt die Heldin zu ihm: »Du brauchst niemanden außer dir selbst.« Er erwidert: »Ich möchte eine Frau, die mich braucht.« Das ist alles, was er von einer Frau hören will. Aber als sie sich auf die Taktik verlegt, ein etwas aufreizenderes Kleid anzuziehen, sagt er: »Wenn du so was noch mal anziehst, sperre ich dich ein.« Sie sagt: »Ich habe gedacht, du würdest es nie sagen.« »Was sagen?« »Daß du mich liebst.« »Ich habe gesagt, ich werde dich einsperren.« »Das bedeutet das gleiche, das weißt du. Du willst es nur nicht zugeben.«

Eine Zeitlang war Rhett Butlers Methode in *Vom Winde verweht,* Zuneigung durch Aggression zu provozieren und seine Überlegenheit durch die Demütigung von Frauen zu beweisen, ein Ersatz für das Gespräch. Dann entwickelte sich das Bild vom schüchternen, naiven, einfachen Mann, dem die Frauen beibringen müssen, wie man liebt. Es wurde die Aufgabe der Frau, den problem- und komplexbeladenen Mann wieder zusammenzuflicken. Es kam nur selten vor, daß Männer wie Bogart etwas Witz und Schlagfertigkeit beisteuerten. Woody Allen ist eine Ausnahme. Er redet nicht nur gerne, sondern sagt sogar, was er denkt, während er redet, wie zum Beispiel in den Untertiteln zu *Der Stadtneu-*

Unehrliche Liebende

rotiker. Aber in seinen Filmen geht es um Unzulänglichkeiten. Da sich so viele Menschen für unzulänglich halten, können sie sich mit ihm identifizieren, aber er hilft ihnen nicht. Das Kino hat nur wenige Erfolgsmodelle geliefert und nie gewußt, wie es mit stiller Zufriedenheit umgehen soll, dem Glück des erfüllten Lebens. Können Sie sich an einen Film erinnern, der eine gelungene Ehe analysiert? Im Film entsteht Liebe sehr viel öfter dadurch, daß sich Blicke treffen, als durch Worte, und es ist im wesentlichen eine Jagd. Der Film war nicht in der Lage, über Dostojewskis Behauptung hinauszugehen, daß glückliche Menschen keine Geschichte haben. Woher sollen Menschen also wissen, worüber man in einer guten Beziehung redet?

Im Theater sind die Dialoge im allgemeinen geschliffen und zu höchster Ausdruckskraft stilisiert. Shakespeare demonstriert, wie der Dialog Leidenschaft und Handeln hervorbringen kann. Ibsen zeigt, wie er den Menschen verändert. Eine seiner Gestalten sagt einmal: »Ein Wandel hat mich überkommen, und dieser Wandel kam durch dich, durch dich allein.« Das ist eine deutliche Verteidigung des Gesprächs. Aber seitdem haben sich Theaterstücke eher der Schwierigkeit der Kommunikation verschrieben. Beckett hat Figuren geschaffen, die reden wollen, aber nichts sagen können.

Wir sind am Ende einer Kulturepoche angekommen. Wir verfügen nicht mehr über die Lite-

Selbstportraits

ratur oder Kunst, die uns helfen kann, die Art von Gespräch zu erfinden, die wir brauchen, um über die Wiederholung der eigenen Hilflosigkeit und Verwahrlosung hinauszukommen... Die Darstellung von Verzweiflung, Entfremdung und Gewalt macht uns noch hilfloser. Seit einem Jahrhundert hat man uns in dem Glauben an die Tugenden der Selbstbeobachtung großgezogen. Aber immer dieselbe alte Frage »Wer bin ich?« zu stellen, kann uns nicht sehr viel weiter bringen. Für wie hinreißend man sich auch halten mag, das, was man über sich selbst wissen kann, ist begrenzt. Andere Menschen sind um so vieles interessanter, haben so viel mehr zu sagen.

Gerade jetzt, wo die gegenwärtige Generation so sehr danach strebt, beiden Geschlechtern zu gleichen Rechten und gleicher Achtung zu verhelfen, ist das Gespräch der beste Weg, die Bedingungen dafür zu schaffen: Besser als Gesetze, denn Gesetze können die Einstellung nicht ändern, aber das Gespräch kann es. Ohne gegenseitige Achtung kann es kein befriedigendes Gespräch geben. Achtung führt zu der Erkenntnis, daß der andere die gleiche Würde hat. Beginnen wir mit unserem Privatleben, dann werden sich auch andere Formen der Gleichberechtigung im öffentlichen Leben durchsetzen.

Wir brauchen also Modelle dafür, wie Gespräche Gleichberechtigung fördern, Modelle, die durch eine gemeinsame Anstrengung von Männern und Frauen entstehen. Wir wissen soviel darüber, wie Beziehungen scheitern. Viel schwieriger ist es zu zeigen, wie sie gelingen, ohne Arroganz oder Naivität oder die Angst, daß unsere Liebe durch die Analyse ihren Zauber verliert. Wir brauchen den neuen Roman und den neuen Film, die mit Humor Visionen aufzeigen, wie Menschen gleichberechtigt zusammenleben können. Alle vorangegangenen Kulturen haben Modelle für ein rechtschaffenes Leben gehabt. Sie nützen uns jedoch nichts, sie wirken erstaunlich langweilig. Aber es gibt immer mehr Menschen, die privat etwas sehr Interessantes, Aufregendes tun, die versuchen, sich gegenseitig Mut zu machen. Sie tun etwas Neues, denn dies ist das erste Mal in der Geschichte, daß Männer und Frauen die gleiche Bildung genießen und die gleiche Arbeit verrichten. Nichts ist schwieriger, als ohne Arroganz Selbstvertrauen zu erringen. Das ist die Grundlage jeder lohnenswerten Errungenschaft. Wir brauchen die Kunst, um zu zeigen, wie der Mut wächst. Und wenn berühmte Künstler zu gepeinigt sind, es zu wissen, müssen wir es ohne sie tun und erkennen, daß auch wir Künstler sind, wenn auch in bescheidenem Rahmen, und daß es in der Kunst jetzt vorrangig darum geht, Gespräche auf der Basis der Gleichberechtigung zu entwickeln.

Unsere Vorfahren glaubten, tapfer zu werden, wenn sie tapfere Helden imitierten. Wir sind uns unserer Schwächen zu sehr bewußt, um so etwas zu tun, und sind statt dessen in die Gewohnheit verfallen, uns mit Antihelden zu identifizieren. Ich meine, der Held in unserer Generation ist nicht das Individuum, sondern das Paar, zwei Menschen, die zusammen mehr auf die Waage bringen als jeder für sich allein. Das anregendste Theaterstück findet heute bei uns zu Hause statt, wenn unsere improvisierten Gespräche uns das Gefühl vermitteln, daß der Mensch kein verachtenswertes Geschöpf ist, sondern anregend, mutig und auch hoffnungsvoll sein kann. Das kommt gelegentlich vor, aber wir wünschen uns, es würde öfter geschehen. Wir brauchen Filmemacher, die uns ohne Sentimentalität und Selbstgefälligkeit sagen, wie es funktioniert. Der Film könnte eine epochale Wirkung auf unser Gespräch haben. Zum erstenmal in der Geschichte können wir uns so sehen, wie andere uns sehen.

Unsere privaten Gespräche sind für die Welt durchaus von Belang. Eine Beziehung kann chemisch oder romantisch beginnen, aber das Gespräch verleiht ihr etwas ungemein Kostbares. Der verbale Austausch, der unsere Ideen herausfordert und verändert, macht uns bewußt, wieviel wir anderen schulden, wieviel ein Partner zu unserer geistigen, moralischen und emotionalen Entwicklung beisteuern kann, auch wenn man ein eigenständiger, einmaliger Mensch bleibt. Im Privaten kann man am besten lernen, Kritik anzunehmen. Zwei Menschen, die aufrichtig miteinander reden, können vom Gefühl beseelt werden, an dem gemeinsamen Unterfangen beteiligt zu

Gespräch mit jemandem, der zum Frühstück
Stacheldraht gegessen hat

sein, eine Kunst des Zusammenlebens zu erfinden, die noch nie erprobt wurde. Selbst gemeinsam die Wohnung zu tapezieren kann mehr als eine gemeinschaftliche Arbeit sein, mehr als ein gemeinschaftlicher Spaß. Man kann dabei seine Schönheitsideale ändern, und wenn das geschieht, ändert man sich auch selbst.

Wie viele Verlobungen sind also gestern gelöst worden? Vor kurzem unterhielt ich mich mit einer Frau, die genau das getan hat. Ich fragte sie, was aus ihren Gesprächen geworden sei. Sie bedeuteten ihr sehr viel. Sie sprach mit ihrem Freund gerne genau so wie mit ihren Freundinnen. Sie führte auch ausgiebige Selbstgespräche, dachte über all das nach, was sie vorhatte, was sie anziehen würde, was sie kochen würde. Sie dachte allerdings nicht darüber nach, wie sie redete. Das, so sagte sie, ergebe sich von ganz allein. Ich bin anderer Meinung. Nach meinem Dafürhalten verdient das Gespräch mehr gedankliche Beachtung als die Kosmetik.

Sie könnten womöglich die Frage stellen: Kann das Gespräch wirklich die Liebe ändern, die wir empfinden? Sie führen vielleicht an, daß nette Leute, die sich mögen, zwangsläufig auch nette Gespräche führen. Dem würde ich entgegenhalten, daß gegenseitige Zuneigung bekanntermaßen noch nie gereicht hat, um eine freie und unbeschwerte Beziehung herzustellen. Liebenden genügt es zunehmend weniger, nur geliebt zu werden: Sie möchten wissen, warum sie geliebt werden, und das bedingt Gespräche; Komplimente genügen nicht. Nehmen wir den Fall einer Frau, die ich kennengelernt habe, die trotz ihrer Schönheit immer Schwierigkeiten mit Männern hat, weil sie überwiegend argumentiert anstatt sich zu unterhalten: Sie hat das Gefühl, recht behalten zu müssen, um zu beweisen, daß sie dem Mann ebenbürtig ist, und ist erst dann zufrieden, wenn er einlenkt; das Ergebnis ist beiderseitige Erschöpfung. Oder nehmen wir den Fall einer anderen Frau, die sich ihrer Gedanken oder ihrer Fähigkeit, sich auszudrücken, so unsicher ist, daß sie die Männer ständig im unklaren über ihre Gefühle läßt und den Eindruck vermittelt, kälter zu sein, als sie tatsächlich ist. In beiden Fällen liegt die Antwort wohl nicht einfach darin zu erklären, was diese Menschen fühlen, denn solange sie es fühlen, werden sich die gleichen Ergebnisse einstellen. Aber im Gespräch werden Gefühle beschrieben, bis eine Vertrautheit entsteht und die Bedenken des Gegenübers die eigenen werden. Liebe bedeutet letzten Endes, daß das Wohlergehen, die Hoffnungen und Ängste des anderen genausoviel zählen wie die eigenen. Körperlicher Kontakt ist die eigentliche Quelle der Vertrautheit, aber das Gespräch erweitert diese Vertrautheit auf viele Seiten des Lebens, wo Händchenhalten nicht mehr genügt. Deshalb glaube ich, daß wir beim Gespräch zwischen Liebenden in ein neues Zeitalter eintreten.

Familiengespräch

3

Wie man das Gespräch in der Familie vor der Langeweile rettet

Ein Siebzehnjähriger spricht über die Unterhaltungen zu Hause: »Bei jedem Gespräch mit meinen Eltern fühle ich mich bevormundet. Sie halten sich für überlegen. Sie sprechen mit mir auf einer niedrigen geistigen Ebene. Die Gespräche mit meinen Freunden sind viel besser. Ich bemühe mich daher nicht besonders um ein echtes Gespräch zu Hause. Papa hört nie richtig zu. Mama muß immer im Mittelpunkt stehen und darf nicht unterbrochen werden. Ich halte Einwürfe für berechtigt, sie beweisen das Interesse. Bei meinen Freunden ist es besser, sie behandeln mich wie ihresgleichen, und sie ereifern sich über Dinge, was Eltern nicht tun. Ein Gespräch sollte von der Leidenschaft beflügelt sein, die wir für das Thema empfinden.«

Die Mutter dieses Jungen erklärt dagegen, sich nach Gesprächen zu sehnen, obwohl sie Mitglied des Stadtrates und Anwältin ist und Lehrerin war und in ihrem Leben das Sprechen eine wichtige Rolle spielt. »Ohne Gespräche«, sagt sie, »verkümmert die menschliche Seele. Sprechen ist fast genauso wichtig wie Essen, Trinken, Liebe, Sport. Es ist eines der menschlichen Grundbedürfnisse.

Nimmt man es uns, sterben wir. Leute in Einzelhaft, wie Terry Waite, halten sich dadurch geistig fit, daß sie mit sich selbst fiktive Gespräche führen.«

Das traurige sei, wie sie sagt, daß aufgrund der ständigen Unterbrechungen, auch durch das Telefon, in ihrem geschäftigen Leben nicht genug Zeit für echte Gespräche bleibe, die sie gern mit Muße, entspannt und mit Leuten führt, die ebenbürtige Gesprächspartner sind. Ihre Gespräche sind deshalb, wie sie sagt, passive Gespräche geworden: Fernsehen oder Radiohören. »Ich genieße es sehr, wenn andere ein Gespräch für mich führen«, weil die Gäste bei ihren abendlichen Einladungen allzu oft »Egozentriker sind, die plärren, ›Seht mich an! Bin ich nicht toll?‹ Und keiner will wirklich hören, was die anderen sagen«. Ihr Fazit lautet, daß sie sich lieber mit Fremden unterhält als mit Leuten, die sie bereits kennt. Jene sind eher bereit zuzuhören.

Es geht die Legende, daß das Gespräch einmal das Rückgrat des Familienlebens war, vor der Zeit der Schnellimbisse, als man zu Hause nichts anderes tun konnte als reden. In Wirklichkeit gab es eine Menge Väter, die ein Vergnügen daran hatten, ihre Familie so zu schikanieren, daß sie schwieg, oder die ins Gasthaus gingen, um sich mit ihresgleichen zu unterhalten, statt mit ihrer Frau und den Kindern. Familienkrach, Eifersucht und Rivalität sorgten ebensooft für Schweigen wie das Fernsehen heute. Und selbst in traditionellen Ge-

Die Sprache des Kindes

sellschaften, wo die Familie eine vermeintlich starke Stellung hat, wurde dem Gespräch nur wenig Raum gegeben. Der taiwanesische Filmregisseur Ang Lee läßt einen seiner Darsteller sagen: »Wir sind füreinander da, das macht uns zu einer Familie.« Der japanische Film *Family Life* zeigt die Unterhaltung im letzten Verfallsstadium, in dem die Kinder ihren Eltern nichts mehr zu sagen haben. In Brasilien lernte ich Menschen kennen, die sich gern unterhielten, mir aber sagten, daß ihre Großeltern über längere Zeit hinweg sehr wenig sprächen. Es ist nicht das einzige Land, in dem Tanz und Gesang von je her die bevorzugte Art waren, Gefühle auszudrücken, die im Gespräch nicht angesprochen werden konnten.

Wenn wir das Gespräch in der Familie wollen, müssen wir eine neue Form erfinden, die in unsere Zeit paßt. Wir müssen intensiver darüber nachdenken, was die Familie ist. Sie ist keine Stätte des Friedens, in die man sich vor der feindseligen und schwierigen Welt zurückziehen kann, wo man abschalten und sich frei fühlen kann. Wann immer ein Paar heiratet, beginnt ein Gespräch zwischen zwei Familien, die sich vielleicht noch nie begegnet sind. Es bringt angeheiratete und andere Verwandte verschiedenen Alters, vielleicht auch verschiedener Nationalität oder sozialer Zugehörigkeit zusammen, die sich den jeweils anderen nicht ausgesucht haben. Die Familie ist der größte Lehrer in der Kunst des Gesprächs mit Fremden. Das Gespräch in der

Familie kann demnach nur gedeihen, wenn die Familie als ein sicherer Ort angesehen wird, an dem man Entdeckungen über die Welt machen, sie diskutieren und ohne Angst verarbeiten kann.

Die gemeinsame Mahlzeit ist bei diesem Abenteuer von zentraler Bedeutung. Dort lernen wir, uns gesittet zu unterhalten, jedenfalls ist das die Idealvorstellung. Doch gute Unterhaltung bei Tisch ist selten, eine Kunst, die wir noch entwickeln müssen. Das gemeinschaftliche Essen war oft fast ein Gottesdienst, bei dem das Zusammensein und die Zugehörigkeit gefeiert wurden, was aber nicht unbedingt das Gespräch einschloß. Ausländische Besucher berichteten, daß Mahlzeiten im elisabethanischen England schweigend eingenommen wurden. Es gibt chinesische und indische Anstandsbücher, in denen es heißt, daß man beim Essen nicht reden sollte. Und in italienischen ist zu lesen: »Reden ist nichts für den Tisch, sondern für die Piazza.« Die alten Griechen trennten sorgfältig zwischen dem Gastmahl und dem anschließenden Symposion für die Unterhaltung. In einem Bericht über eine indonesische Stadt schreibt ein Anthropologe: »Ich konnte keine einzige Familie in meiner Gegend auftreiben, die gemeinsam gegessen hätte. Es gibt kein Eßzimmer; jedes Familienmitglied holt sich auf einem Teller zu essen, wann es will, und zieht sich dann zurück, um allein zu essen.« Der Imbiß ist keine neuzeitliche Erfindung.

Familientradition

Das Gespräch bei Tisch bedarf eines ganz speziellen Hungers. Der berühmte französische Schriftsteller Brillat-Savarin unterschied zwischen den Freuden des Essens und denen der Tafel; zu letzteren zählte er das gesellige Gespräch über Themen, die eine Erörterung wert waren. Das gemeinsame Essen kann ein Gefühl des Wohlbefindens und der Freundschaft stiften, aber noch sehr viel mehr. Wenn man immer die gleichen Speisen aufträgt, wird einem bald nichts Neues mehr zu ihnen einfallen. Die exotische Küche hat die Unterhaltung um andere Kulturen und andere Jahrhunderte erweitert. In der Vergangenheit regte das Essen zu eher bedrückenden Gedanken an, die dem Schweigen Vorschub leisteten. Jede Zutat besaß magische Eigenschaften. Inzwischen kehren wir langsam zu der Vorstellung zurück, daß das Essen die Teilnahme an den Vorgängen der Natur bedeutet. Unsere Mahlzeiten lassen uns über die Abgestumpftheit unserer Gewohnheiten nachdenken. Kochen ist Teil der bildenden Künste geworden. Der Lebensmittelkauf ist ein Versteckspiel, bei dem die Verpacker ihre Geheimnisse im Kleingedruckten verstecken. Es wird hoffentlich einmal die Zeit kommen, da diejenigen, die unsere Vorstellungen über das Essen beeinflussen – die Restaurantkritiker der Zeitungen und die Gestalter von Kochprogrammen im Fernsehen –, auch über die Güte der Unterhaltung sprechen, zu der ihre köstlichen Gerichte anregen, und nicht nur über die Ausstattung von Restaurants oder Spitzfindigkeiten der Rezepte. Wir müssen eine neue Poesie des Essens finden, so wie unsere Vorfahren eine Blumensprache gefunden haben.

Viele derjenigen, die sich an angenehme Gespräche im Kreis der Familie bei Tisch erinnern, äußern die Ansicht, daß dies wohl daran lag, daß sie regelmäßig ganz unterschiedliche Gäste hatten, die sie auf neue Gedanken brachten. Die Unterhaltung stirbt, wie die Familie, wenn sie auf Inzucht beruht oder wenn die Gäste mehr oder weniger die gleichen Erfahrungen gemacht haben wie man selbst. Angehörige desselben Berufs oder mit demselben Hobby führen selten besonders anregende Gespräche, wenn sie zusammenkommen. Das Essen im Kreis der Familie eignet sich bestens, Fachsimpeleien zu unterbinden und verschiedene Gesprächsarten zu mischen. Das Gespräch muß neue Gebiete erkunden, wenn es zum Abenteuer werden soll.

Auf Jamaika laden die Einheimischen ausländische Touristen zum Essen ein, weil es ihnen Spaß macht, mit Fremden zusammenzusein. Wir haben diese Art der familiären Gastfreundschaft verloren, die einmal überall auf der Welt zu Hause war – egal wie arm jemand war, er bot jedem Fremden, der vorbeikam, etwas zu essen an. »Gastfrei zu sein, vergesset nicht«, heißt es in der Bibel, »denn dadurch haben etliche ohne ihr Wissen Engel beherbergt.«

Das zentrale, aber unausgesprochene Gesprächsthema im Kreise der Familie ist, wie Personen unterschiedlichen Temperaments und Alters zusammenleben können. Jahrhundertelang hat man Kindern gepredigt, den Mund zu halten. Jetzt rächen sich einige, indem sie die Mahlzeiten beherrschen; aber sie können enorm dazu beitragen, unsere Fähigkeit zu verbessern, andere Menschen zu verstehen. Ein Philosophieprofessor hat seine philosophischen Gespräche mit Kindern einer Grundschule veröffentlicht, um zu belegen, daß Kinder weit fähiger und bereiter sind, abstrakt zu denken, als Erwachsene im allgemeinen anerkennen. Sogar ein Dreijähriger war zu diesem herrlichen Wortwechsel in der Lage, nachdem er seinem Vater beim Essen einer Banane zugesehen hatte.

»Du magst keine Bananen, Steve, nicht wahr?« sagte der Vater.

»Nein«, erwiderte Steve. »Wenn du ich wärst, würdest du auch keine Bananen mögen.« Und nach einer nachdenklichen Pause fügte er hinzu: »Wer wäre denn dann der Papa?«

Das ist eine ausgezeichnete philosophische Frage. Darüber könnte man sich sehr gut unterhalten, vor allem wenn man uns in der Schule beibrächte, wie man über solche Fragen nachdenkt.

Kinder werden in einigen Ländern mehr ermutigt als in anderen. Bei einer Untersuchung über das Streiten bei spielenden Kindern wurde festgestellt, daß es bei 31 Prozent der Streitigkeiten unter italienischen Kindern um Meinungen und

Familienfreunde

Ansichten ging, unter amerikanischen Kindern aber nur bei 6 Prozent. In Italien ist Streiten offenbar nicht nur ein Disput, sondern auch eine Demonstration, eine geschickte Vorstellung, die aus der Freude am Gespräch entsteht. Die amerikanischen Kinder stritten sich doppelt so oft um Gegenstände und Spielzeug wie die italienischen, denen es bei ihren Streitigkeiten um Stil ging und nicht nur darum, recht zu behalten, und denen die Teilnahme an einer Diskussion am wichtigsten war.

Je mehr wir also Kinder einer eigenen Jugendkultur zuordnen, desto ärmer werden unsere und auch ihre Gespräche. Vielleicht ist es an der Zeit, ihnen eine interessantere Rolle in der Erwachsenenwelt und im Familienleben einzuräumen.

Das Wort, aus dem sich »Familie« herleitet, umfaßte ursprünglich nicht nur die Verwandten, sondern auch die Bediensteten. Es erstreckte sich auf Personen aller Stände, auf arme Verwandte, Hauslehrer, Gouvernanten, Gärtner und Köche. In einem Herrenhaus mit sechs Schlafzimmern konnte es zwanzig Bedienstete geben. Man unterhielt sich also über Klassengrenzen hinweg, wenngleich die Gespräche rücksichtslos und anstrengend sein konnten. Die Städteplanung hat Arm und Reich getrennt. Wir haben erst vor kurzem einen neuen Anfang mit dem Gespräch gemacht, das keine Klassenunterschiede mehr kennt, und zwar auf Gebieten des allgemeinen Interesses wie Sport oder Politik.

Aber mit Menschen zu sprechen, mit denen uns offenbar nichts verbindet, scheint mir ebenso lohnenswert. Damit konfrontiert uns das Reisen: Wir lernen Menschen kennen, die ein völlig anderes Leben führen und andere Gesprächstraditionen haben. Ich meine, die Menschheit ist eine Familie, die sich bisher kaum kennengelernt hat. Eine der besten Möglichkeiten sich kennenzulernen ist es, die Tradition der familiären Gastfreundschaft wiederzubeleben; dort können Gespräche mit Fremden gewinnbringend beginnen.

Wir müssen uns demnach für diese Traditionen interessieren und nicht meinen, daß unsere Kultur die einzige ist, die sich um die Verbesserung des Gesprächs bemüht hat. Im alten China gab es zum Beispiel Frauen, die in einer Art Salon organisiert waren und zusammenkamen, um über alles außer die häuslichen Arbeiten zu sprechen, denen sie sich zu widmen hatten. Es hat tamilische Frauen gegeben, die berühmt für ihre Gespräche waren, und auch arabische Frauen, ungeachtet all dessen, was über den Schleier geschrieben worden ist. Es hat immer Ausnahmen gegeben, bei Einzelpersonen wie bei Paaren, die entdeckt haben, wie das Gespräch das Leben bereichern kann und wie abträglich Eifersucht ist. Ein altes chinesisches Buch über das Gespräch trägt den Titel: *Die Suppe, die Eifersucht heilt.*

Die Familie wird also durch die Richtung geprägt, in die sie ihre Gespräche lenkt. Sie kann sich auf ihre Erinnerungen beschränken und sich sagen: »So sind wir nun einmal. Das ist es, was die einzelnen Familienmitglieder getan haben und tun.« Sie kann sich aber auch als eine Basis sehen, von der ihre Mitglieder ausschwärmen, um die Welt draußen zu erkunden, und zu der sie mit etwas Neuem zurückkehren, über das man sprechen kann, so daß die Gespräche ständig durch äußere wie innere Ereignisse bereichert werden. Wir werden nur dann zu Gefangenen unserer Familien, unserer Gene und unserer Erinnerungen, wenn wir Gefangene sein wollen. Durch Gespräche mit anderen, durch das Mischen verschiedener Stimmen mit der unseren können wir unser individuelles Leben in ein einmaliges Kunstwerk verwandeln.

Aber wie ist es bei den Familienmitgliedern, mit denen wir einfach nicht auskommen können, die unverbesserlich egoistisch oder dumm sind? Wie ist es bei Fremden, die wir für schlecht halten oder einfach nicht mögen? Ich unterscheide immer zwischen Teufeln und gehörnten Teufeln. Die gehörnten sind gern grausam, weigern sich zuzuhören und sind offenbar darauf aus, die Menschen in ihrer Umgebung zu zerstören, zumindest als eigenständige Individuen. Ich räume es nur ungern ein, aber bei denen ist nichts zu machen. Ich behaupte ganz und gar nicht, daß wir sämtliche Probleme lösen und aus unangenehmen Menschen automatisch nette machen können. Aber die meisten Teufel haben keine

Schweigen in der Familie

Hörner; sie sind aggressiv, weil sie schwach sind, sie sind grausam, weil sie Angst haben. Es besteht kein Anlaß, ihnen gegenüber klein beizugeben. Familien finden für einen gehörnten Teufel oft Entschuldigungen – das kann gut, es kann aber auch schlecht sein. Familien können verhindern, daß jener sich völlig verlassen vorkommt, und das ist sicher der Mühe wert, denn es ist ein notwendiger erster Schritt, sich als Mensch zu fühlen.

Die Redakteurin der BBC-Rundfunkserie mit der längsten Laufzeit, *The Archer,* erklärt, daß sie versucht, Widerlinge in die Handlung einzubauen, über die man lachen und sagen kann, »Sind die nicht schrecklich?« Aber sie hat festgestellt, daß die Hörer nach ein paar Monaten anfangen, mit ihnen zu sympathisieren, die Figuren erscheinen allmählich als nicht mehr so unangenehm, und deshalb müssen neue Widerlinge eingeführt werden, die die alten ersetzen.

Es stimmt, daß die meisten Menschen gern hassen. Zola hat gesagt, »Haß ist heilig«. Haß gibt den Menschen das Gefühl, Grundsätze und Meinungen zu haben. Dem würde ich jedoch entgegenhalten, daß es auch zutiefst befriedigend sein kann, etwas Bewundernswertes oder Anrührendes bei einem unbegreiflichen oder abstoßenden Menschen zu suchen. Das Gefühl gemeinsamer Menschlichkeit, die Tränen, die uns kommen, wenn wir selbst vollkommen fremde Menschen leiden sehen, gehören zu unseren tiefsten Emp-

findungen. Jedesmal, wenn wir sie erleben, entdecken wir aufs neue, daß wir zu jener großen Familie gehören, der Menschheit. Menschsein bedeutet auch menschlich, freundlich sein. Es gibt nur wenige Menschen, denen jede Spur von Freundlichkeit abgeht. Diese goldene Spur zu finden, auch wenn sie unter scheinbar felsigem Grund verborgen liegt, ist eine der größten Herausforderungen überhaupt.

4

Gespräche am Arbeitsplatz: Warum Fachleute eine neue Art des Redens finden müssen

Es liegt an uns zu entscheiden, welche Art von Gespräch wir führen möchten. Unsere Arbeit wird davon geprägt, wie wir im Büro oder in der Fabrik reden; es sind nicht nur Maschinen, die uns zum Gehorsam zwingen. Ich möchte zeigen, wie wir unsere Arbeit um einiges weniger langweilig und enttäuschend gestalten könnten, wenn wir lernen würden, anders zu reden.

Betrachten wir zuerst den Fall des Strafverteidigers, der der Meinung war, durch den Umgang mit Verbrechern ein aufregendes Leben zu führen, inzwischen jedoch ihre Lügen und auch ihre Zerknirschung satt hat. Er hat genug davon, über die schmutzige Seite des Lebens zu diskutieren und sich mit seinen bürokratischen Kollegen zu streiten. Zu genau kann er ihre Worte, ihre Taktiken, ihre Gesten voraussagen. Seine Arbeit, so sagt er, fordere nicht seine ganze Intelligenz. Er möchte seinen Geist schärfen und mit verschiedenartigeren, anregenderen Menschen sprechen, nicht nur über Details, sondern in größeren Zusammenhängen. Er wünscht sich Gespräche, die mehr Herausforderung und weniger Routine bedeuten. Der Anwaltsberuf ist ihm zu reaktionär.

Welchen Rat würden Sie ihm geben? Und was würden Sie dem Aktienspekulanten sagen, der eine Eins in Mathe bekam, in der Versicherungsbranche und als Makler arbeitete und Millionär wurde, aber dann, als er den Armen helfen wollte, merkte, daß es ihm schwerfiel, mit ihnen zu reden? Er wußte, wie man Probleme löst, aber beim Gespräch mit normalen Menschen fühlte er sich nicht besonders wohl. Er glaubte, nicht mit ihnen empfinden zu können, als ob seine Zunge sich nach einem Leben in einem Beruf, in dem nur über Geld geredet wird, nur in eine Richtung bewegen würde.

Um wieviel besser ergeht es ihm im Vergleich zu dem pensionierten Fabrikarbeiter, der sich noch an die Tage erinnert, als es unmöglich war, am Arbeitsplatz zu reden, weil der Lärm so ohrenbetäubend war und sich ein Gespräch daher auf Blicke und Gesten beschränkte? Er lernte seine Arbeitskameraden nie richtig kennen. Sie fanden nie Freude daran, über sehr viel mehr als den Sport zu reden; bestimmt hatte er nie ein vernünftiges Gespräch mit seinem Chef. Was hat er versäumt?

Wie wirkt sich die Arbeit auf unsere Gespräche aus und wie darüber hinaus auf uns? Ein gutes Gespräch ist zu einem Qualitätskriterium unserer persönlichen Beziehungen geworden, und jetzt nimmt es auch eine zentrale Rolle in unserer Arbeit ein.

Arbeit besteht zunehmend aus Reden. Früher hingen in den Fabriken oft Schilder mit der Auf-

Ablaufdiagramm

schrift: »Rede weniger. Arbeite mehr.« Aber versuchen Sie heute einmal, jemanden in seinem Büro zu erreichen – er ist immer in irgendeiner Besprechung. Gehen Sie in die Praxis eines Arztes, und Sie stellen fest, daß die Diagnose nur noch ein Teil des Arztbesuches ist: Man erwartet vom Arzt ein Gespräch zwischen Ebenbürtigen, bei dem der Patient das gleiche Recht hat, zu fragen und zu fordern, wie der Arzt. Im Einzelhandel werden die Verkäufer geschult, sich weniger an Regeln zu orientieren, als lächelnd mit den Kunden zu sprechen. Je höher man in der Hierarchie steigt, desto mehr Zeit verbringt man mit Gesprächen. Es gibt nur noch wenige Spitzenpositionen, in denen man nur auf die eigene Stimme zu hören braucht.

Aber je mehr wir reden, desto weniger gibt es, worüber wir mit Selbstvertrauen und Sicherheit reden können. Wir sind fast alle zu Experten geworden, die sich auf eine einzige Tätigkeit spezialisiert haben. Ein Professor für anorganische Chemie erklärt mir, daß er nicht versteht, was ein Kollege für organische Chemie sagt. Ein Wirtschaftswissenschaftler räumt offen ein, daß »lernen, ein Ökonom zu werden, dem Erlernen einer fremden Sprache gleicht, in der man über eine rationale Welt redet, die nur in der Theorie existiert«. Am Princeton Institute of Advanced Studies, das gegründet wurde, um alle großen Geister dieser Welt zu versammeln, stellte man irritiert fest, daß man nicht sehr viel miteinander sprach:

Einstein, so ein Kollege, »brauchte niemanden zum Reden, weil sich niemand für sein Zeug interessierte, und er nicht an dem interessiert war, was die anderen machten«.

Kein Wunder also, daß viele junge Menschen zögern, einen hochspezialisierten Berufsweg einzuschlagen, der bei ihnen fast das Gefühl aufkommen läßt, eine Gefängniszelle zu betreten. Und tatsächlich hat eine der großen englischen Universitäten kürzlich den ehemaligen Chef des Strafvollzugs zum Leiter ihres Berufsberatungszentrums ernannt. Eine Redakteurin der Zeitschrift *She* erklärte: »Wir wollen nicht nach dem Job beurteilt werden, den wir haben.« Ein immer größer werdender Anteil derjenigen, die einen Beruf suchen, hat das Gefühl, Begabungen zu besitzen, die in keinem Einzelberuf gefördert und entwickelt werden. Selbst ein BBC-Produzent, den ich auf dem Korridor des Senders traf, antwortete mir auf meine Frage, wie seine Arbeit sich auf seinen Kopf auswirke: »Die Arbeit engt meinen Blick ein.«

Welcher Job bietet dann die erfreulichsten und überraschendsten Gespräche? Fast jeder sagt, je unterschiedlicher die Leute sind, mit denen man bei der Arbeit zusammenkommt, desto mehr Spaß macht die Sache, auch wenn häufig nur ein paar Worte gewechselt werden. Aber Kreativität braucht im allgemeinen mehr Nahrung als höfliches Geplauder. An den Grenzen des Wissens müssen wagemutige Forscher fast professionelle

Teamgeist

Lauscher sein, die aus den unscheinbarsten Quellen Ideen aufnehmen. Die Entdeckung der DNA war das Ergebnis von Gesprächen zwischen Crick und Watson, die sich über mehrere Jahre hinzogen. Es gab nur eine Regel: Jeder konnte sagen, was ihm in den Sinn kam. Crick zog das Gespräch stets der Lektüre wissenschaftlicher Zeitschriften vor; für ihn war es wichtig, mit Wissenschaftlern zusammenzukommen, die interessante Experimente durchgeführt hatten, weil in der farblosen Berichterstattung, wie Wissenschaftszeitschriften sie pflegen, oft etwas unerwähnt bleibt. Er stellte simple Fragen und behauptete, die Dinge für sich vereinfachen zu müssen, damit er sie verstehe. Auf diese Weise brachten seine Gespräche neue Erkenntnisse.

Ich freue mich im 21. Jahrhundert nicht auf mehr Modernität, oder Postmodernität, sondern auf das Gefühl, an einem neuen Gespräch beteiligt zu sein. Der Grund sind die allgegenwärtigen Beweise, für die abträglichen Auswirkungen der Spezialisierung, so wertvoll und notwendig sie sein mag. Sie muß durch ihr Gegenteil ausgeglichen werden. Einige Menschen sind vielleicht glücklich, das Rädchen in einer Maschine zu sein, viele haben jedoch andere Vorstellungen darüber, was es bedeutet, ein Mensch zu sein. Für sie sind die vorhandenen Bildungs- und Arbeitsmöglichkeiten zu begrenzt.

Ich habe mir also darüber Gedanken gemacht, welche Arten von Arbeit wir im nächsten Jahrhundert erfinden könnten, und darüber, welche neue Art der Bildung das bedingen würde. Ich habe mit Leuten aus den verschiedensten Berufen gesprochen, und in fast allen gilt natürlich, daß die größten Freuden, die kreativen Erfolge weitgehend das Privileg einer Minderheit sind, und das auch nur für kurze Zeit. Fast alle klagen, daß der Streß zunimmt und die stumpfsinnige Plackerei trotz aller Technologie nicht ausgemerzt worden ist. Verwaltungskram verstopft uns die Poren. Vielen Berufen, die vor langer Zeit aufgekommen sind, wird nicht mehr die Achtung zuteil wie früher, oder sie verkörpern überkommene Bestrebungen. Einige haben moralische Schwierigkeiten und grenzen schon ans Unehrenhafte.

Fragen wir uns also, wie die neue Generation aussehen möchte, und schauen wir, ob es zweckmäßig ist, Jobs zu kreieren, die zu ihr passen. Jobs, die zum Menschen passen, statt die Menschen dazu zu bringen, sich maschinen- oder institutionsgerecht zu verhalten. Sie werden vielleicht sagen, das sei unmöglich, die jungen Menschen seien unrealistisch, wenn sie nach einer Arbeit verlangen, die ihnen erlaubt, alles zu genießen, was das Leben bietet. Ich sehe das nicht so. Auch die Menschen der Renaissance wollten Abwechslung, und sie hatten häufig ein interessanteres Leben als die meisten von uns, als Bauern und Diplomaten und Ingenieure und Künstler, alles in einem.

Führende Unternehmer haben bereits erkannt,

Ängste auf der Suche nach einem Zuhause

daß sie dieselbe Richtung einschlagen müssen, wie es die Menschen in der Renaissance taten. Manager beginnen als Spezialisten, aber sobald sich ihr Talent zeigt und sie an die Spitze kommen, werden sie Generalisten, sie müssen die Welt als ein Ganzes verstehen, nicht nur ihr Fachgebiet. Aber als Generalisten sind sie Amateure: Nirgendwo kann man lernen, über alles zu reden, ein Renaissance-Mensch zu werden. Früher einmal schickte man Debütantinnen auf Pensionate, damit sie in jeder Situation die angemessene Konversation pflegen konnten. Die Manager von heute müssen sich damit begnügen, auf Wirtschaftsschulen geschickt zu werden, die das Gegenteil tun und die Manager auf Gewinnsteigerung trimmen. Im Alltag wandern die besten Manager von Branche zu Branche, müssen sich aber darauf konzentrieren, in jeder das gleiche Rezept anzuwenden; aber ein Renaissance-Mensch können sie nicht werden, dafür sind sie zu beschäftigt. Man braucht also etwas Neues für Studenten, Manager und Angestellte gleichermaßen, für alle, die spüren, daß sie geistig erstarren und einen letzten Versuch machen wollen, frei zu bleiben, die sich nicht damit zufriedengeben, nur Profi zu sein, und die sich eine Arbeit wünschen, die sie zu einem besseren Menschen macht.

Zentimeterweise haben wir uns dem genähert, freiwillig, in harter Schreibtischarbeit, umfassend qualifiziert, in Grundkursen, mit praktischer Erfahrung und in den verschiedensten Schulungen, aber ohne die Gesprächsqualität am Arbeitsplatz grundlegend zu verändern.

Ich habe mir also Gedanken darüber gemacht, wie Menschen mit Angehörigen vollkommen anderer Berufe Gespräche führen können, ohne sich als völlige Außenseiter vorzukommen. Wir bewundern Schauspieler, weil sie in die Gestalt eines anderen Menschen schlüpfen können. Im Privatleben versuchen wir mehr und mehr, die Welt aus der Sicht derer zu sehen, denen wir uns emotional verbunden fühlen. Es wird Zeit, daß wir uns auch bei der Arbeit zumindest einiger der Barrieren entledigen, die uns hindern, an den Gedanken, der Sprache und dem Stil anderer Berufe teilzuhaben. Der Begriff »sozialer Ausschluß« gilt nicht nur für die Armen, sondern für alle, deren Denkweise sich auf einen einzigen Beruf beschränkt.

Ich habe einmal eine Ärztin gefragt, wie lange sie bräuchte, um aus mir einen Arzt zu machen. »Sechs Wochen«, sagte sie. Natürlich nicht, um einen richtigen Arzt aus mir zu machen, aber um mir eine Vorstellung davon zu vermitteln, wie Ärzte ein Problem lösen, wie das Leben eines Arztes sich auf den Arzt auswirkt. Das war keine vage Schätzung, denn sie hatte Laien in einem unterentwickelten Land beigebracht, ihr bei der Arbeit zu helfen, und nach sechs Wochen konnten sie sich unter ihrer Anleitung sehr nützlich machen. Schließlich vergißt man mindestens die

Die Spezialisten

Herabsetzen

Hälfte von dem, was man an der Universität lernt, sofort wieder.

Ich habe einen Ingenieur gefragt, wie lange er bräuchte, aus mir einen Ingenieur zu machen. »Drei Monate«, sagte er, um die Sprache und die Probleme zu verstehen und die Gedankengänge eines Ingenieurs nachzuvollziehen.

Würde es Sie interessieren, sich in drei, vier oder gar fünf verschiedene Berufe einführen zu lassen, die Sprache zu erlernen, die Schwierigkeiten und Zwänge zu erleben, bei Lösungsansätzen zuzusehen, eng mit denen zusammenzusein, die Entscheidungen treffen, und zu sehen, wie viele Entscheidungen notwendig und wie viele willkürlich sind? Ich habe das selbst ein wenig erleben können. Ein Minister hat mich einmal eingeladen, eine Art Schatten von ihm zu sein und ihn überallhin zu begleiten. Das hat meine Vorstellungen darüber verändert, worum es in der Politik geht und was es bedeutet, Politiker zu sein.

Ich habe einen Architekten gefragt: »Kann ich in Ihrem Büro arbeiten, ohne daß ich störe, um zu erfahren, wie ein Architekt denkt?« Ich könnte ihm nützlich sein, meinte er. Er würde mir einige Zeichnungen geben, damit ich daraus ein Gebäudemodell mache. Das große Problem für Architekten besteht darin, im voraus zu wissen, wie eine auf dem Papier geborene Idee aussieht, wenn sie als Bau steht. Die Darstellung seiner Zeichnungen durch einen anderen wäre ihm eine Hilfe.

Solche Gespräche könnten bei sorgfältiger Planung eine Möglichkeit zur Schulung nach dem Studium oder auch Teil eines Managementtrainings sein. Der tiefere Sinn wäre jedoch, daß sie Berufe entmystifizieren und Außenstehenden eine bessere Vorstellung von den spezifischen Problemen geben. Sie würden die Erfahrungsgrundlage liefern, die erforderlich ist, um die Arbeitswelt umzugestalten und neue Berufskombinationen zu schaffen. Und sie würden dem Strafverteidiger, dem Banker und dem Fabrikarbeiter mehr Gelegenheit geben, mit jungen Menschen über ihre Erfahrungen zu sprechen. Wenn man sein Leben lieber anders gelebt hätte, ist es ein Trost, wenn man andere davor bewahren kann, die gleichen Fehler zu begehen.

Man könnte einwenden, daß Arbeit den Zweck hat, Gewinn abzuwerfen und das Überleben zu sichern, daß Spezialisierung unausweichlich ist und wir uns in unserer Freizeit beim Gespräch vergnügen sollten. Ich würde entgegenhalten, daß die Aufspaltung des Lebens in Arbeit und Freizeit ebenso viele negative Folgen gehabt hat wie wünschenswerte. Wirklich privilegiert ist heute jene kleine Minderheit, für die ihre Arbeit ein Vergnügen bedeutet. In der Vergangenheit war Arbeit sowohl eine soziale wie auch eine wirtschaftliche Tätigkeit und oft eine gemeinsame Tätigkeit der ganzen Familie. Besuchen Sie einen traditionellen orientalischen Basar, und Sie werden feststellen, daß die Händler ebensosehr daran

Menschliche Reserven

interessiert sind, freundlich mit Ihnen zu verkehren, was bis zum Angebot einer Tasse Kaffee geht, wie daran, ein Geschäft zu machen. In den Augen moderner Manager ist dies ineffizient, wobei sie aus wirtschaftlicher Sicht vielleicht recht haben, aber wenn man das Leben der Händler insgesamt betrachtet, bei dem es um mehr als nur den kommerziellen Zusammenhang geht, ist es sehr effizient.

Der orientalische Basar erinnert uns daran, daß die Entwicklung des Menschen nicht nur hin zur Konsumgesellschaft geht, auch wenn Überfluß und Wohlstand für alle ein fast universelles Ziel ist. Auf der anderen Seite haben wir uns zu einer Dienstleistungsgesellschaft entwickelt, in der persönliche Bekanntschaft – beinahe Vertrautheit – mit den eigenen Kunden von größter Bedeutung ist, im Gegensatz zur Konsumgesellschaft, in der man anonym einkaufen kann, ohne mit der Kassiererin auch nur ein Wort zu wechseln. Wir müssen unsere wirtschaftlichen Einrichtungen jetzt so anpassen, daß sie unsere Wünsche stärker berücksichtigen.

Der Gedanke, daß wir das Ende unserer Biographie erreicht haben, sobald wir einen Beruf haben und seinen Jargon beherrschen, ist absurd. Der Mensch ist nicht mehr, was er einmal war, seit ihm die Idee vom Berufsstand als einer Art Geheimgesellschaft mit einem Wissensmonopol gekommen ist. Je mehr wir von der Welt sehen, desto breiter wird das Spektrum unserer Neugier.

Gegenwärtig wird diese Neugier mehr durch die Medien als durch Universitäten oder die Arbeit angefacht. Wir werden das Gesprächsfeld beider erweitern müssen, wenn wir an ihnen nicht ersticken wollen.

5

Was die Technologie für das Gespräch bedeuten kann

Wenn Sie ein Gerät, eine technische Spielerei erfinden könnten, die Ihr Leben wirklich verändern würde, was wäre das? Ich meine nicht irgendeinen Apparat, der eine unbedeutende Arbeit etwas angenehmer macht, etwa einen besseren Korkenzieher, sondern etwas, das Ihr persönliches Leben, Ihre Beziehungen, Ihre Fähigkeit, mit der Welt fertig zu werden, verändern würde. Zunächst einmal müßten Sie sich Gedanken darüber machen, wie die Technologie das Privatleben in der Vergangenheit beeinflußt hat, wie sie sich auf die Redeweise der Menschen ausgewirkt hat.

Was hat sie zum Beispiel für eine junge Frau bedeutet, die sich ein paar Jahre lang in verschiedenen Berufen versucht hat, von denen keiner sie ausfüllte, und die jetzt Computerspezialistin geworden ist? Endlich hat sie eine Beschäftigung gefunden, bei der sie sich wirklich konzentrieren kann, was sie vorher nie konnte. Das Gerät verlangt ihre volle Aufmerksamkeit. Sie ist stolz, es zu beherrschen. Doch dieses neue Selbstvertrauen ist begrenzt. Das Leben außerhalb ihrer Arbeit hat der Computer nicht wirklich verändert. Die junge Frau ist immer freundlich, vergnügt, sehr nett und äußerst rücksichtsvoll gegenüber den Gefühlen anderer. Aber unglücklicherweise macht sie sich deshalb zu viele Gedanken darüber, was die Leute von ihr halten. Sobald ein Gespräch mit einem Mann vertrauter wird, bekommt sie Angst. Sie ist nicht selbstsicher genug und sich ihrer Schwächen zu sehr bewußt, so daß sie stets fürchtet, eine Betrügerin zu sein, entlarvt zu werden, weniger zu sein, als es scheint. Die Computertechnologie hat sie als Mensch bisher nicht verändert.

Was könnte die Technologie mehr tun? Was insbesondere könnte sie für das Privatleben der Menschen tun? Sehen wir uns zunächst an, was mit dem Gespräch geschah, als die Dampfmaschine erfunden wurde, die große technologische Revolution, die die Kommunikation erstmals veränderte.

Die Eisenbahn teilte die Welt in jene, die Angst vor ihr hatten, und jene, die überschwenglich von ihr als dem »Triumphzug von Gleichheit, Freiheit und Zivilisation« sprachen. Die charismatischen Ingenieure, die um 1850 erstmals von einem Tunnel unter dem Ärmelkanal sprachen, waren überzeugt, sobald eine Bahn zwischen London und Kalkutta verkehre, werde die gesamte Menschheit erkennen, daß sie gemeinsame Interessen habe, und der Krieg werde der Vergangenheit angehören. Viele Menschen waren jedoch entsetzt vom Lärm und den neuen Empfindungen, die die

Blumenkranz

rasante Fahrt hervorrief, die das Aussehen der Landschaft veränderte und ihnen beinahe wie ein Erdbeben erschien. So verabscheute der Schriftsteller Flaubert die Eisenbahnen von der ersten Sekunde an. »Ich langweile mich unendlich in ihnen«, schrieb er. »Ich heule nach fünf Minuten vor Langeweile. Die Menschen denken, es ist ein Hund. Nein. Es ist Monsieur Flaubert, der stöhnt.« Flaubert war von der Langeweile wie besessen, und er entdeckte sie fast überall, wohin er blickte. Sein Fall ist typisch. Die Technologie hatte wiederholt die Wirkung, bestehende Verhaltensweisen eher zu verstärken, als sie zu verändern.

Nur diejenigen, die an Freiheit und Gleichheit glaubten, hielten Eisenbahnen für einen Ort, wo sie die Gesellschaft von Leuten genießen konnten, die sie nie zuvor gesehen hatten. Die Mittelschicht, die darauf aus war, dem Pöbel ihre Überlegenheit zu beweisen, machte die Eisenbahn zu einem Ort, an dem man sich von denen absonderte, die einer niederen Schicht angehörten, und mit denen sich einzulassen vielleicht nicht schicklich war. So wurde es in den Wagen der ersten und zweiten Klasse still, und sie dienten bald nur noch der Lektüre von Zeitungen und Büchern. Die Bahnhofskioske machten ihre ersten Gewinne. Man findet sehr selten einen gutsituierten Reisenden, der, wie es einmal geschah, beklagt, daß er diejenigen beneide, die in der dritten und vierten Klasse fahren, »aus deren vollge-

Der Traum des Ingenieurs

stopften Wagen die ganze Fahrt fröhliches Reden und Lachen in die Ödnis meiner Einzelzelle dringen«. In vielen armen Ländern kann man heute noch Spuren dieser Trennung finden.

Auf einem Ärztekongreß 1866 sagte ein Arzt: »Wenn man früher wußte, daß man einige Stunden und vielleicht sogar einige Tage in der Gesellschaft anderer verbringen würde, versuchte man, ein persönliches Verhältnis zu seinen Begleitern herzustellen, das die Reise häufig überdauerte. Heute denken wir an nichts anderes mehr als an das ungeduldig erwartete Ziel.« Und der Soziologe Simmel schrieb, daß die Menschen vor der Entwicklung von Bussen, Eisen- und Straßenbahnen im 19. Jahrhundert gar nicht imstande waren, sich mehrere Minuten oder Stunden anzusehen, ohne miteinander zu reden.

Der Geschichte der Eisenbahn kann man entnehmen, daß die Technologen zusammenhalten, wenn es darum geht, Tendenzen zu fördern, die nichts mit Technologie zu tun haben. Die Bahngesellschaften mußten entscheiden, was für Wagen gebaut werden sollten. Die Europäer kamen nach Diskussionen zwischen Briten und Franzosen zu dem Schluß, daß die Reisenden während der Fahrt ihre Ruhe haben wollten. So wurde das europäische Abteil mit etwa acht Plätzen geschaffen, das keine Verbindung zu den anderen Abteilen hatte. Die Amerikaner bauten ihre Abteile dagegen nach dem Vorbild der Flußdampfer mit großen, freien Flächen, die Raum zum Umhergehen boten. »Ein Amerikaner«, schrieb ein britischer Journalist, »macht sich nicht viel aus unserer Art zu reisen, auf einem festen Platz in einem engen Wagen hinter Schloß und Riegel. Er empfindet Luftmangel, bekommt Atemnot.«

Der Eurostar ist ein weiteres Beispiel für Eisenbahngesellschaften, die nicht darüber nachdenken, was sie anrichten, wenn sie eine neue Technologie planen. Bei diesem Zugtyp meint man offenbar, daß die Fahrgäste zu zweit oder viert reisen und die meisten auf den Hinterkopf ihres Vordermanns blicken möchten. Die Designer hätten sich sagen können: »Es gibt ganz unterschiedliche Reisende. Einige wollen Ruhe, andere möchten sich unterhalten, so wie einige gern rauchen möchten und andere nicht. Einige möchten sich mit Leuten unterhalten, die sie kennen, andere möchten neue Bekanntschaften machen. Einige möchten vielleicht von einer Stewardeß oder einem Steward begrüßt und individuell bedient werden, statt sich vom Serviceteam über Lautsprecher anplärren zu lassen, daß man sich dafür bedanke, daß der Reisende sich für den Eurostar entschieden hat. Einige möchten vielleicht Sprachen lernen, wenn sie drei Stunden in einem Zug herumsitzen müssen.« Man hätte verschiedene Wagentypen entwerfen können, hat es aber nicht getan. Mit anderen Worten: Die Technologie verbessert also nicht automatisch das Gespräch, die Kommunikation oder das Verhalten.

Hintergrundmusik

Betrachten wir nun das Fernsehen. Journalisten haben sich mit der Frage beschäftigt, ob es uns gewalttätiger oder dümmer gemacht hat, und haben es beschuldigt, das Gespräch zu zerstören. Das Fernsehen hat, mit wenigen Ausnahmen, nichts weiter getan, als vorhandene Vorurteile zu bestärken. Die Menschen haben die Sendungen so ausgelegt, daß sie ihren bestehenden Vorstellungen entsprachen. Die Serie *Dallas* beispielsweise hatte in neunzig Ländern Erfolg, nicht aber in Brasilien und Japan. Die brasilianischen Zuschauer lehnten sie ab, weil sie selbst sehr erfolgreiche Seifenopern haben, die ganz aktuell sind – das Drehbuch wird noch am Tag vor der Sendung umgeschrieben, damit es Bezüge zu Tagesereignissen enthält und die Serie zu einem Kommentar des Alltagslebens wird, zum Tagesgespräch. Die Japaner hörten bald auf, sich *Dallas* anzusehen, weil sie ihre Vorliebe für Geschichten mit einem Happy-End beibehielten. Sie fanden *Dallas* altmodisch, weil es dort um Konflikte ging, die ungelöst blieben; für sie hingegen besteht der Zweck einer Geschichte dieser Art darin, zu zeigen, wie gute Beziehungen wiederhergestellt werden können. *Dallas,* so sagten sie, läßt uns nicht träumen. Wir wollen glücklich zu Bett gehen.

Überall sonst, wo die Serie lief, sorgte sie für eine Menge Gesprächsstoff. Die Araber empfanden sie als eine Herausforderung an ihre Wertvorstellungen; sie hoben das hervor, was sie für die den ihren entgegenstehenden Werte hielten: Sue-

Zuschauerzahlen

Ellen hätte sich nicht so verhalten sollen, auch wenn ihr Mann sie noch so provozierte. Sie hätte weder trinken noch rauchen dürfen. Als Familiengeschichte fesselte *Dallas* die Araber sehr, denn Verwandtschaftsbeziehungen sind eines ihrer beliebtesten Themen, und so sprachen sie über diese Seite der Serie. Die Russen nutzten sie zur Bekräftigung ihrer Ansicht, daß die Reichen unglücklich sind, die amerikanische Zivilisation verkommen ist und die Amerikaner keine Kultur besitzen – es gab keine einzige Szene, in der jemand ein Buch gelesen hätte. Einige, die überall Verschwörungen witterten, stritten sogar darüber, ob es eine Verschwörung der Produzenten von *Dallas* gäbe, eine Fernsehserie zu machen, die insgeheim amerikanische Einrichtungen zersetzt.

Die meisten Amerikaner waren jedoch der Meinung, daß *Dallas* überhaupt keine Botschaft zu vermitteln habe, sondern reine Unterhaltung sei. Einige redeten darüber wie über das Wetter, andere diskutierten es als Fernsehkenner und analysierten die Form der Sendung und ihren technischen Aufbau.

Obwohl *Dallas* also durchaus für eine Menge Gesprächsstoff sorgte, änderte es doch keine Meinungen. Es änderte nichts für die Amerikaner, die glaubten, daß die Figuren der Serie wie alle Menschen von irrationalen Trieben beherrscht werden, die ihren Ursprung in Kindheitserlebnissen haben; es änderte auch nicht die russische Ansicht, nach der die Menschen durch die Gesellschaft geformt werden; und die Haltung der Araber änderte es auch nicht, wonach der Mensch gegen die Versuchung ankämpfen kann und ein Gespräch sich mit dem beschäftigen sollte, was richtig und was falsch ist.

Die Computertechnologie hat die gleichen Reaktionen hervorgerufen wie die Eisenbahn. Auf der einen Seite stehen diejenigen, die ganz begeistert sind, daß die Technologie das passive Fernsehen beendet und es durch das interaktive Gespräch ersetzt, durch das Fernstudium und internationale Geselligkeit.

Aber auf der anderen Seite können die Armen dieser Welt sich an diesen Gesprächen nicht beteiligen: Sie besitzen weder Computer noch Telefon, obwohl sie seit über einem Jahrhundert darauf warten. Und auch die Alten, die Computeranalphabeten, können sich nicht beteiligen, denn sie und die Jungen haben sich immer weniger zu sagen – am Ende werden sie sich vielleicht sogar weigern, die Rente für sie zu zahlen. Computer steigern die Kontrolle des Managements über die Arbeiter beträchtlich: Jeder Fehler kann registriert werden; der Druck nimmt zu. Computertechnologie im Büro bedeutet nicht nur, daß jeder sich am allgemeinen Gespräch über E-Mail beteiligen kann, sondern auch daß diejenigen, die um die Macht konkurrieren, sie im Kampf gegen ihre Rivalen und bei ihren Bemühungen zur Verteidigung ihres Reviers als neue Waffe einsetzen können.

Die Technologie hat den Geist der Demut nicht völlig abgeschafft, der durch die Religion ins Spiel kam und in der Vergangenheit uneingeschränkt herrschte und in der Angst vor verheerenden, apokalyptischen Katastrophen zum Teil überlebt hat. Sie hat jedoch viele Menschen davon überzeugt, daß es für jedes Problem eine Lösung gibt und der Erfolg für jeden greifbar ist. Am Ende stehen sich also, wie immer, Optimisten und Pessimisten gegenüber. Mir liegt daran, diesen alten Streit zu überwinden, dieses Denkschema, wonach es nur die Wahl gibt, zynisch zu sein oder naiv. Der Ton einer Unterhaltung hat großen Einfluß auf ihren Inhalt und damit auf das Programm, das die Menschen sich vornehmen.

Die Herausforderung besteht nun darin, einen neuen Ton zu entwickeln und eine neue Art des Gesprächs, das Hoffnungen weckt, sich aber auch der Wahrscheinlichkeit des Scheiterns bewußt ist. Dieser Ton kann durch die Tatsache angeregt werden, daß der Computer es den Menschen ermöglicht, trotz gegenteiliger Bemühungen von Regierungen freier zu reden und zu denken; daß er totalitäre Kontrollen immer schwerer macht; daß er den Behinderten und körperlich Isolierten mehr Gleichheit verschafft; daß er Familien, die in unterschiedlichen Teilen der Welt leben, ermöglicht, sich ihre Zuneigung zu erhalten, die ansonsten schwinden würde; daß E-Mail eine neue Art der Briefschreibkultur schafft, nicht selten zwischen Personen, die sich noch nie begegnet sind. Die Technologie kann mehr Gelegenheiten schaffen, darüber zu diskutieren, wie wir unser Leben verbessern können, und anderen von unseren Träumen zu erzählen.

Aber eine grundlegende Änderung unserer Sicht von der Zukunft kann sie dort bewirken, wo sie uns lehrt, mit Fehlschlägen fertig zu werden und über zu simple Erfolgserwartungen hinauszukommen. Bisher denken wir von der Technologie immer in Kategorien technischer Spielereien, die funktionieren. Aber inzwischen ist klar geworden, daß jede Technologie sowohl gute als auch schlechte Ergebnisse, unerwartete Katastrophen, aber auch Vorteile mit sich bringen kann: das Auto, das einerseits Zeit spart und gleichzeitig die Ursache für lärmerfüllte, luftverschmutzte und verstopfte Innenstädte ist. Rundfunksender, die unser Wissen ganz erheblich erweitern, es jedoch versäumen, diesem Wissen einen Zusammenhang zu geben.

Wir haben inzwischen genug Erfahrung mit der Technologie, um ein Ende des kostspieligen Krieges zwischen Optimisten und Pessimisten für möglich zu halten. Die Technologie befaßt sich nicht nur damit, Roboter herzustellen, die berechenbar arbeiten (der Mensch wird sich niemals berechenbar verhalten, und so gesehen bringt die Technologie uns gar nichts). Sie besteht auch aus endlosem Experimentieren, bei dem vieles schiefgeht; trotzdem läßt sie sich nie entmutigen, denn gelegentlich entdeckt sie etwas wirklich Großarti-

Babyalarm

ges. Wenn wir unser Leben als eine Reihe von Experimenten betrachten, werden uns die unvermeidlichen Fehlschläge nicht so entmutigen.

Es wird immer angenommen, daß die Technologie ein im wesentlichen einfaches Ziel hat, nämlich Kraft zu sparen, Dinge wirtschaftlicher zu gestalten und das Leben angenehmer zu machen. Sie tut jedoch noch etwas weit Abenteuerlicheres, potentiell Poetisches, wenn sie versucht, eine Ehe zwischen der menschlichen Intelligenz und den Geheimnissen der Natur zu stiften. Gelegentlich zeitigen diese Ehen ganz phantastische Erkenntnisse, wie wir sie ähnlich erstaunlich auch in der Welt der Künste antreffen. Wir sollten also nicht behaupten, daß die Arbeit mit Dingen soviel einfacher als die mit Menschen ist, und daß man hinsichtlich unserer Emotionen, unserer Depressionen oder unseres Zorns nichts aus ihr lernen kann.

Als ich gefragt habe, welche technische Spielerei Sie gerne erfinden würden, geschah das aus echtem Interesse, denn technische Spielereien, d.h. sinnreiche Erfindungen, haben mich schon immer fasziniert. Aber zunehmend interessiert mich auch, was hinter der Erfindung liegt, der Prozeß, durch den neue Erkenntnisse gefunden werden. Die wirklich bedeutenden wissenschaftlichen Revolutionen waren nicht die Erfindung irgendeiner neuen Maschine, sondern neuer Wege, über Dinge zu reden. Auch die Art, wie wir über unser Privatleben reden, kann sich revolu-

Informationen verarbeiten

tionär ändern. Und die Revolution, die wir heute brauchen, betrifft die Art, wie wir über Fehlschläge reden. Ich ziehe aus der Geschichte der Technologie den Schluß, daß es ihr gelungen ist, mit Fehlschlägen insgesamt vernünftiger umzugehen, als wir in unserem politischen oder privaten Leben damit umgegangen sind, vielleicht weil Ingenieure den Fehlschlag als ihr zentrales Problem sehen. Sie wissen, daß es unmöglich ist, ein Flugzeug zu konstruieren, das nicht abstürzen kann.

Die Technologie kann uns folglich mit einigen brauchbaren Modellen dienen. Wir müssen das Gespräch zunächst dazu benutzen, angesichts eines Fehlschlags Mut zu fassen, eine ausgewogene Art von Mut, die der Enttäuschung widerstehen und uns immun gegen den Zynismus machen kann, der so lange unsere Geißel war.

6

Wie das Gespräch Übereinstimmung fördert

Einer der schweigsamsten Männer, den ich je kennengelernt habe, starb durch Selbstmord. Als ich studierte, veranstaltete der Philosophietutor meines Colleges Mittagessen bei sich, zu denen er drei oder vier Studenten unterschiedlicher Fachrichtungen einlud. Er brachte uns zu Gesprächen zusammen, sagte selbst aber kaum etwas. Und doch ging eine wunderbare Wärme von ihm aus, eine Liebenswürdigkeit und Bescheidenheit, die uns irgendwie zum Sprechen brachte, so schüchtern und unwissend wir auch waren. Wir hatten das Gefühl, auf seine Freundlichkeit reagieren zu müssen. Für mich gehören jene gehemmten Gespräche zu den bewegendsten, die ich in meinem Leben geführt habe. Dann, eines Tages, hing außen an seiner Tür ein Zettel, auf dem er die Besucher darauf hinwies, daß er den Gashahn aufgedreht habe und sie ihn nur noch tot auffinden würden. Niemand wußte warum. Vielleicht meinte er, den unmöglich hohen Standards nicht gerecht werden zu können, die er sich gesetzt hatte. Aber er verstand es, Menschen zusammenzubringen. Ein Gespräch bringt Menschen und Ideen zusammen, und es ist kein Unglück zu schweigen, wenn man zusieht, wie Gedanken aufeinandertreffen.

»Reden tut gut.« Ich habe angemerkt, daß dieser Werbeslogan nur die halbe Wahrheit ist, gleichzeitig ist er aber auch revolutionär. Früher haben die Menschen Schweigen meist für ein Ideal gehalten, das es anzustreben galt, für ein Zeichen von Weisheit. Wir sind von einem Extrem ins andere verfallen. Heute kommen wir uns wie Trottel vor, wenn wir auf eine Party gehen und nicht wissen, was wir reden sollen. In der Vergangenheit wäre das nicht so schlimm gewesen. Heute sollten wir daran denken, daß Leute, die keinen Ton herausbringen, oft mit Gesprächen beschäftigt sind, die genauso wertvoll und aufregend wie jedes andere sind, nämlich mit Selbstgesprächen. Das bedeutet Denken. Gedankenloses Reden ist hohl. Ändern Sie Ihre Denkweise, dann haben Sie die Welt schon halb verändert.

Denken bedeutet das Zusammenbringen von Gedanken, Gedanken, die miteinander flirten, tanzen und sich umarmen. Ich halte es für ein sinnliches Vergnügen. Ständig schwimmen Gedanken im Gehirn herum, die wie Samen nach dem Ei suchen, mit dem sie sich vereinen können, um einen neuen Gedanken hervorzubringen. Das Gehirn ist voller einsamer Gedanken, die darum flehen, etwas Sinnvolles aus ihnen zu machen, sie als interessant wahrzunehmen. Das träge Gehirn legt sie lediglich in alten Schub-

Der Umweg

laden ab, wie ein Buchhalter, der eine ruhige Kugel schieben möchte. Das lebhafte Gehirn schöpft aus den Gedanken und schafft aus ihnen neue Kunstwerke.

Das Eigenartige am Menschen ist, daß er sich selbst zusehen kann, wenn er seinen Geschäften nachgeht, redet und denkt. Er besitzt gewissermaßen zwei innere Stimmen und kann daher neue Gedanken hervorbringen und sie gleichzeitig betrachten, kritisieren oder bewundern. Er kann entweder Sklave seiner Gedanken und Erinnerungen sein oder entscheiden, welche davon brauchbar sind, welche nur Ärger bringen und welche in der untersten Schublade abgelegt werden. Das Selbstgespräch steckt voller Risiken, weil man entscheiden muß, wie weit man die eigenen Gedanken mit Phantasie ausstattet. Wirklich arm dran sind jene, die meinen, keine Phantasie oder keinen Sinn für Humor zu haben, was beinahe das gleiche ist. Dostojewski erklärte, wichtig sei nicht, was jemand sagt, sondern nur, wie er lacht. Es stimmt, daß man erst frei oder ganz Mensch sein kann, wenn man lacht, weil Lachen bedeutet, sich ein eigenes Urteil zu bilden, sich zu weigern, etwas unbesehen zu glauben, aber auch, sich selbst nicht zu wichtig zu nehmen. Es bedeutet, andere Menschen zu den eigenen inneren Gesprächen einzuladen und zu entdecken, daß sie einen ganz anders sehen als man sich selbst.

Jane Austen sagt, daß man keine gute Unterhaltung führen könne, wenn man nur Zeitungen liest. Damit will sie andeuten, daß nur Bücher genug Anregungen enthalten, die einen in die Lage versetzen, aktuelle Themen in eine Diskussion allgemeiner Art einzubringen. Das hängt natürlich davon ab, ob die Zeitung nur unzusammenhängende Nachrichtenhäppchen enthält. Ich stimme zu, daß ein Gespräch nicht nur aus Anekdoten bestehen darf, denn man muß die Anekdoten mit Hilfe eines allgemeinen Gedankens verbinden, über den man dann reden kann. Gedanken müssen nicht nur aufeinandertreffen, sie müssen sich auch umarmen.

Es dauert etwa zwölf Stunden, ein Buch durchschnittlichen Umfangs im Radio vorzulesen. Das Radio kann viel von dem tun, was auch das Buch kann, und es hat darüber hinaus noch weitere Vorzüge (man kann gleichzeitig spülen oder im Garten arbeiten und zuhören). Aber es wird das Buch erst dann ersetzen, wenn man zum Radio sagen kann: »Stop, einen Augenblick, wiederhol das noch mal, gib mir Zeit, darüber nachzudenken.« Würde ich, wenn ich auf Sendung bin, beim Sprechen länger als eine Sekunde Pause machen, würde die BBC denken, daß etwas nicht in Ordnung ist. Das Gespräch braucht Pausen, Gedanken brauchen Zeit, um Liebe zu entfachen.

Ganz besonders schätze ich Gespräche, die sich an der Grenze dessen bewegen, was ich verstehe, mit Menschen, die anders sind als ich. Das, worüber die Menschen sich im Lauf der Geschichte am häufigsten gestritten haben, ist die Religion, die bis vor etwa zwei Jahrhunderten Gegenstand eines sehr großen Teils der Gespräche in der westlichen Welt war. Ich liebe Gespräche, in denen sich herausstellt, daß Menschen mit offensichtlich unterschiedlichen Ansichten in einigen, wenn auch weniger wichtigen Punkten völlige Übereinstimmung erreichen können. Da die Religion nach wie vor die Diskussion in vielen Teilen der Welt beherrscht, scheint es offenbar ebenso dringlich wie interessant, Gläubige und Ungläubige im Gespräch zusammenzubringen.

Viele Menschen behaupten beispielsweise, daß sie mit Gott reden. Diese Gespräche haben seit Menschengedenken einen gewaltigen Einfluß auf das Verhalten gehabt, sei es, weil sie zu beherzten Aktionen angespornt oder Trost im Unglück gespendet haben. Die Gespräche der Mystiker wären ein guter Ausgangspunkt, die Kunst der Unnahbarkeit zu erörtern, die sich vom menschlichen Leid nicht überwältigen läßt, wie es viele Menschen heute ohne jeden Gedanken an Religion anstreben. Der Perser Ansari zum Beispiel, der im 11. Jahrhundert lebte und dessen Buch *Monagat* jahrhundertelang gelesen wurde, sprach so mit Gott: »Wenn ich auf Dich schaue, sehe ich mich als König unter Königen, eine Krone auf dem Haupt. Wenn ich auf mich schaue, sehe ich mich unter den Demütigen, Staub auf dem Haupt. Es gibt keine Freude ohne Schmerz von Dir. Es gibt keine Freiheit außer in der Bindung an Dich.« Darüber kann man lange reden.

Das Tor des Verstehens

Stellen wir Ansari eine moderne Amerikanerin gegenüber, die ihre Gespräche mit Gott niedergeschrieben hat, nicht in gepflegter Lyrik, sondern auf eine Art, die ganz andere Gedanken auslöst. Sie sagte zu Gott: »Wenn ich Kartoffeln schäle, fühle ich mich dir nahe. Ich habe die Hausarbeit so über, die Kinder so über. Sie nerven mich so, daß ich schreien könnte. (Und das tue ich auch.) Im Moment habe ich sogar meinen Mann satt. Ich wünschte, er würde eine Geschäftsreise machen. Vielleicht fühlt sich auch mein Mann wie in einer Falle. Herr, hilf mir zu erkennen, wie glücklich ich hier bin – in dieser zärtlichen Falle. Lenke meine Fluchtphantasien auf ein sinnvolles Ziel. Segne den Menschen, der ich nach deinem Willen sicher sein soll, statt eines sich selbst bemitleidenden Arbeitstiers. Laß mich weitermachen.« In einer Zeit, in der sich vielleicht ebenso viele Menschen der Religion zu- wie von ihr abwenden und viele Menschen zu Fundamentalisten werden, ist es wichtig, mit ihnen zu sprechen und zu verstehen, welche Gedanken sich hinter ihrer religiösen Hingabe verbergen.

Menschen verschiedener Nationen zu Sport und Musik zusammenzubringen ist sinnvoll und lustig, aber nur lange Gespräche können die tiefen Ressentiments ganz ausloten, die viele Kulturen gegenüber dem Westen haben. Was wir uns als Erfolge zugute halten – unsere Freiheiten, unser Land oder unsere Technologie –, sehen sie ganz anders. Nie war der Bedarf an Gesprächen

A satisfying
conversation
is one which
makes one
say what
one has
never said
before

zwischen den Kulturen größer, denn noch nie waren sie imstande, sich gegenseitig soviel Schaden zuzufügen. Unsere Sensibilität ändert sich allmählich, denn immer mehr Menschen aus dem Westen kommen zum Beispiel nach Indien und entdecken, welch bittere Erinnerungen die britische Herrschaft hinterlassen hat, selbst bei Menschen, die englische Dichter besser rezitieren können als die Engländer selbst. Das Gespräch zwischen den Kulturen wandelt sich durch die neue Bescheidenheit, die in unser Geschichtsbild vordringt. Wir erinnern uns daran, daß Indien vor fünfhundert Jahren das reichste Land der Welt war. Je öfter wir andere Formen von Freundlichkeit und Geselligkeit kennenlernen, selbst im Unglück, desto weniger können wir uns unserer Siege brüsten, desto weniger können wir uns mit der Bitterkeit so vieler unserer Gespräche abfinden. Wenn wir beispielsweise indische Tänze sehen, die eine ungeheuer schöne Alternative zum verbalen Umgang sind, erkennen wir, wieviel wir noch in der Kunst der Kommunikation zu lernen haben.

Unsere Sensibilität ändert sich auch, wenn wir die islamische Welt besuchen, die zu Beginn unseres Jahrtausends die prächtigste Kultur ihrer Zeit war, wenn wir mit islamischen Frauen sprechen und die so verschiedenartigen Bedingungen entdecken, unter denen sie in verschiedenen Ländern, in verschiedenen Schichten leben, und wenn wir erkennen, wie viele Male im Verlauf der Geschichte sich ihre Stellung verändert hat und wie sie sich jetzt verändert, da wir uns bewußt werden, daß der Islam auf ebenso viele Arten ausgelegt worden ist wie das Christentum oder jede andere Religion. Gott sagt im Koran: »Wir haben euch von Mann und Weib erschaffen und euch zu Völkern und Stämmen gemacht, *daß ihr einander kennen möchtet.*«

Das Gespräch bringt uns von Angesicht zu Angesicht mit Individuen und all ihrer menschlichen Vielschichtigkeit zusammen. Unsere Bildung kann nicht vollständig sein, solange wir nicht Gespräche mit jedem Kontinent und jeder Kultur geführt haben. Es ist eine Erfahrung, die demütig macht und an die enorme Schwierigkeit gemahnt, in Frieden zu leben, während es so viel Ungerechtigkeit gibt, die aber auch jedesmal große Hoffnungen macht, wenn es einem gelungen ist, ein Gespräch zu führen, das ein Gefühl allgemeiner Menschlichkeit und gegenseitiger Achtung vermittelt. Nach einem solchen Gespräch ist man für immer ein anderer Mensch.

Man fragt sich vielleicht, ob die Kunst des Gesprächs gelehrt werden sollte, oder, wie zum Beispiel das Tanzen, überhaupt gelehrt werden kann. Die Viktorianer glaubten das. Sie produzierten eine Unmenge Bücher zu diesem Thema, worin zum Ausdruck kam, daß sie das Gefühl hatten, einen neuen Stil für ihre neuen Ambitionen zu brauchen. Doch das Gespräch, das sie erlernen wollten, hatte Ziele, die die gegenwär-

Das habe ich nicht verstanden

Reife

tige Generation nicht restlos zufriedenstellt: sich die Zeit angenehmer zu vertreiben, sich die gute Meinung anderer zu sichern und sich zu bilden. Die Lehrer guter Konversation vernachlässigten den Gedanken des persönlichen Kontakts, der vertrauten Übereinstimmung und Anteilnahme und vor allem der Suche nach dem Sinn des Lebens und wie wir uns verhalten sollten. Sie gingen davon aus, daß jeder den Sinn des Lebens kenne. Sie betrachteten sich als Verbreiter eines Wissenszweiges zwischen Musik und Medizin; das heißt, sie wurden Vortragskünstler, die den Akzent und die Darstellung korrigierten, statt den Gesprächsgegenstand zu vertiefen. Zu oft mieden diejenigen, die gewandte Unterhalter sein wollten, Themen, die zu tief gingen oder zu persönlich waren. Sie trieben ein falsches Spiel: Statt zu sagen, was sie dachten, wiederholten sie gängige Formulierungen oder sagten pointiert und gewandt Dinge, die sie nicht glaubten.

Das nächste Jahrhundert wird hoffentlich abenteuerlicher. Rein persönliches Weiterkommen oder Ansehen kann nicht länger der Hauptzweck von Gesprächen sein. Was fehlt, ist eine Orientierungshilfe, weil die Konflikte ringsum uns die Sicht nehmen, so als liefen wir durch einen endlosen Dschungel. Es wäre schön, wenn einige von uns Gespräche begännen, die dieses Dunkel lichten, und sie dazu benutzten, Gleichheit herzustellen, uns selbst Mut zu machen, uns Fremden zu öffnen und, was besonders von Nutzen ist, unsere

Arbeitswelt neu zu gestalten, damit wir nicht länger durch unseren Jargon oder unsere Langeweile im Beruf isoliert werden. Wir können die Renaissance nicht zurückholen; Geschichte läßt sich nicht wiederholen. Aber wir können etwas Ähnliches schaffen, das uns entspricht.

Das nenne ich das Neue Gespräch.

Noch ein Wort. Das ist die letzte meiner sechs Plauderstunden, allerdings waren sie für mich weit mehr als das. Sie sind Teil eines größeren, von mir verfolgten Projektes, das tatsächlich eine Veränderung dessen herbeizuführen versucht, wie wir unser Leben leben. Ich habe aus vielen Ländern Briefe von Menschen erhalten, die meine Bücher gelesen haben und erklären, daß das, was ich geschrieben habe, ihre eigenen Erfahrungen und Bestrebungen wiedergibt. Sie bestärken mich in meinem Glauben, daß auf der Welt eine neue Gemeinschaft heranwächst, eine geistige Verwandtschaft von Menschen auf allen Kontinenten, für die die Erweiterung ihres Horizonts ein wichtiges Anliegen ist und für die Reisen ins Ausland ein unentbehrlicher Bestandteil einer nie abgeschlossenen Bildung sind. Bereits 400 Millionen Menschen besuchen jedes Jahr einen anderen Kontinent. Ich sehe eine geistige Verwandtschaft unter jenen, die angesichts der nur langsam vorankommenden Veränderungen im öffentlichen Leben ungeduldig werden. Während sie auf mehr Gerechtigkeit durch die Politik warten – was Jahrhunderte dauern kann –, sind sie doch davon

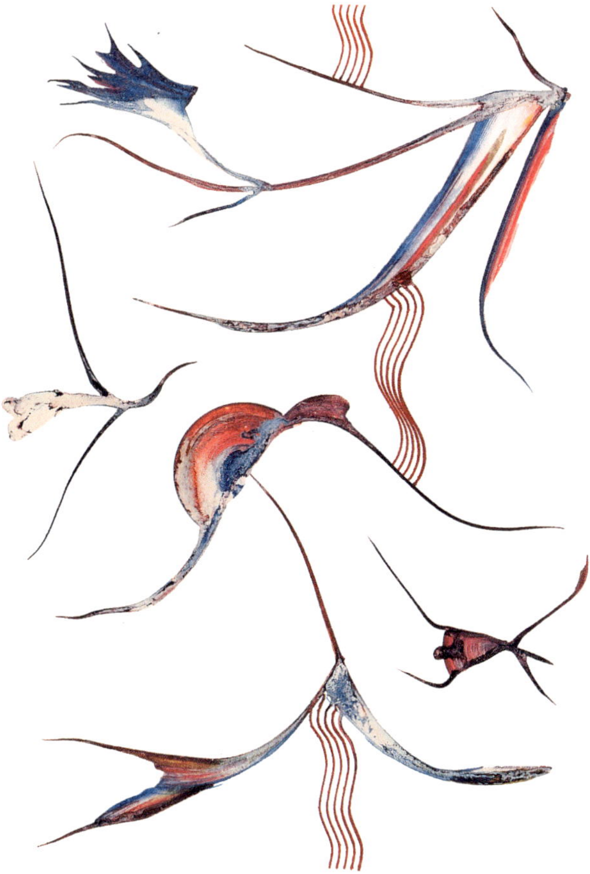

Selbständig denken

überzeugt, daß ganz normale Menschen große Veränderungen bewirken können, wenn sie ihren täglichen Umgang miteinander verbessern. Ich persönlich bin der Meinung, daß wir uns auf dieses Abenteuer einlassen sollten, indem wir jungen Menschen helfen, der Enge ihrer hochspezialisierten Arbeit und Ausbildung zu entfliehen, ihnen helfen, Generalisten zu werden, und älteren Menschen mehr Gelegenheiten geben, ihre Erfahrungen mit der Jugend zu teilen, um der Trennung der Generationen und des Wissens zu begegnen. Ich würde mich sehr freuen, wenn Sie mir berichten, was Sie davon halten.

Sechsunddreißig Gesprächsthemen

1. *Erste Worte*
   Welche Alternativen gibt es zu den nichtssagenden Floskeln, mit denen Gespräche normalerweise eingeleitet werden?
2. *Nachahmer*
   Wie sinnvoll ist es, den Gesprächsstil anderer zu imitieren?
3. *Das Tor zwischen dem Öffentlichen und dem Privaten*
   Kann ein gutes Gespräch unpersönlich sein?
4. *Emotionale Wellenlängen*
   Wie verbessert man seine Fähigkeit zu erraten, was andere nicht offen aussprechen?
5. *Ein hartes Wort*
   Ist Witz den Preis wert, den seine Opfer zahlen?
6. *Eine vergeudete Begegnung*
   Wie kann man schüchternen Menschen helfen zu reden?
7. *Die Zeichen der Liebe*
   Warum sagen Liebende so oft, sie könnten ihre Liebe nicht in Worte fassen?

8. *Erste Eindrücke*
Warum sprechen wir von Liebe auf den ersten Blick, aber so selten von Liebe auf den ersten Ton?

9. *Er liebt mich, er liebt mich nicht*
Ein Heiratsantrag kann in Form einer Frage, einer Rede oder eines Gesprächs gemacht werden. Was ist Ihnen am liebsten?

10. *Unehrliche Liebende*
Wie können wir Bewunderung ausdrücken, ohne zu schmeicheln oder uns selbst zu erniedrigen?

11. *Selbstportraits*
Wenn Sie darauf beharren, bei einem Gespräch immer Sie selbst zu sein, macht Sie das zu einem Langweiler oder zu einem Helden?

12. *Gespräch mit jemandem, der zum Frühstück Stacheldraht gegessen hat*
Ist so etwas möglich?

13. *Familiengespräch*
Warum brennt die Sicherung so leicht durch?

14. *Die Sprache des Kindes*
Wie alt muß man sein, um sich unterhalten zu können?

15. *Familientradition*
Sind gemeinsame Erinnerungen notwendig, damit man ein ganzes Leben miteinander redet?

16. *Familienfreunde*
Wie sähe eine Landkarte Ihrer Gesprächswelt aus?

17. *Schweigen in der Familie*
Schrumpft der Geist, wenn er nicht durch Reden genährt wird?

18. *Ein Zimmer für sich allein*
Welche Tugenden hat das Schweigen?

19. *Ablaufdiagramm*
Ist ein Gespräch dann erfolgreich, wenn es genau nach Plan verläuft?

20. *Teamgeist*
Welchen Platz hat der Kampfgeist in einem Gespräch?

21. *Ängste auf der Suche nach einem Zuhause*
Haben Sie den falschen Beruf, wenn Sie mit Ihren Kollegen nicht über Ihre persönlichen Sorgen reden können?

22. *Die Spezialisten*
Können Sie aufgrund dessen, wie jemand redet, sagen, was er arbeitet?

23. *Herabsetzen*
Welches Gegenmittel gibt es für Gespräche, bei denen man sich klein vorkommt?

24. *Menschliche Reserven*
Ist es möglich, mit einem Kunden ein Gespräch zu führen, wenn der Kunde immer recht hat?

25. *Blumenkranz*
Wie könnte eine technische Ausbildung die poetische Empfindsamkeit steigern?

26. *Der Traum des Ingenieurs*
Ist das lohnendste Gespräch dasjenige, das die meisten Risiken eingeht?

27. *Hintergrundmusik*
Wie beeinflussen die Töne, die uns umgeben, unsere Art zu denken und zu reden?

28. *Zuschauerzahlen*
Wie sehr verlassen Sie sich bei Ihren Gesprächsthemen auf die Einflüsterungen der Medien?

29. *Babyalarm*
Welchen Einfluß hat elektronisches Spielzeug auf die Unterhaltung?

30. *Informationen verarbeiten*
Stimmt es, daß Sie von zuviel Informationen nervöse Schlafstörungen bekommen?

31. *Der Umweg*
Wann muß man abschweifen?

32. *Das Tor des Verstehens*
Ist es beim Gespräch zwischen Kulturen ergiebiger, über Ähnlichkeiten zu sprechen oder über Unterschiede?

33. *Der Beitrag des Schreibers*
Was kann ein Brief, das ein Gespräch nicht kann?

34. *Das habe ich nicht verstanden*
Lohnt es sich vorzugeben, etwas verstanden zu haben, wenn man es nicht verstanden hat?

35. *Reife*
Gefällt es Ihnen, wenn Sie Ihre Meinung durch ein Gespräch ändern?

36. *Selbständig denken*
Welcher Ort oder welche Zeit eignet sich am besten für ein Selbstgespräch?

Danksagung

Ich möchte BBC Radio 4 danken (und dort insbesondere Philip Sellars), der mich zu diesen Plaudereien eingeladen hat, die hier mit minimalen Änderungen so abgedruckt sind, wie sie gesendet wurden. Zutiefst dankbar für ihre Hilfe und Freundlichkeit bin ich auch meinen Freunden Mark Garcia, Danielle Olsen, Corinna Gannon, Louise Allen, Christina Hardyment, Gideon Koppel, Georgina Vestey, Amarjit Barn, Mark Elvin, Tapan Raychaudhuri, Andrew Nurnberg, Christopher MacLehose sowie den Mitarbeitern von The Harvill Press; allen, die sich mit mir unterhalten oder mir geschrieben und mich über die vielen Formen aufgeklärt haben, die ein Gespräch haben kann; vor allem aber, wie immer, Deirdre.

SERIE PIPER

Felix von Cube

Besiege deinen Nächsten wie dich selbst

Aggression im Alltag.
168 Seiten. SP 1745

»Der Mensch ist keine Graugans«, mit diesem Argument wird die Übertragung verhaltensbiologischer Erkenntnisse auf menschliche Verhaltensweisen von vielen Sozial- und Geisteswissenschaftlern infragegestellt. Der Erziehungswissenschaftler Felix von Cube weist dagegen im vorliegenden Buch nach, daß Aggression ein spontaner Trieb ist, der der natürlichen Veranlagung des Menschen entspricht. Alle traditionellen Moralen konnten die Ausübung von Gewalt nicht verhindern. Wir müssen mit der Aggression leben, es fragt sich nur, wie. Das ist für Felix von Cube der Ausgangspunkt seiner Anleitung zum Umgang mit der dem Menschen innewohnenden Aggression. Sie zu leugnen, argumentiert von Cube, führe zwangsläufig zu innerer und äußerer Gewalt. Aus der Erkenntnis, daß nicht die Gewaltausübung an sich, sondern das Gefühl des Siegens den Aggressionstrieb befriedigt, entwickelt Felix von Cube anschaulich Möglichkeiten der Kultivierung der Aggression.

Fordern statt verwöhnen

Die Erkenntnisse der Verhaltensbiologie in der Erziehung.
Aktualisierte Neuausgabe.
323 Seiten. SP 2895

»Für Pädagogen und Führungskräfte von allerhöchster Bedeutung.«
Die höhere Schule

Lust an der Leistung

Die Naturgesetze der Führung.
167 Seiten. SP 2524

Nur wer Spaß an seiner Arbeit hat, kann auf Dauer Gutes leisten. Die Verhaltensbiologie deckt die Bedingungen dafür auf, wie Lust an Leistung entsteht: Triebdynamik und soziale Einbindung müssen stimmen.

SERIE PIPER

Der Mensch als soziales Wesen

Sozialpsychologisches Denken im 20. Jahrhundert
Ein Lesebuch. Herausgegeben von Heiner Keupp.
378 Seiten. SP 1975

Wie sehr Menschen soziale Wesen sind, wird ihnen erst bewußt, wenn sich ihr vertrauter gesellschaftlicher Rahmen verändert. Sie fühlen sich dann zunehmend »unbehaust« und suchen nach ihren Fundamenten, nach Heimat, Gemeinschaft, Identität. Gegegenwärtig leben wir in einer solchen Situation. Die Auseinandersetzung mit der Frage, was eigentlich den Menschen zum »sozialen Wese« macht, bekommt in der Krise aktuellen Sinn. Ist der Mensch von seiner Triebausstattung her dazu verurteilt, des Menschen Wolf zu sein? Kann er überhaupt die ihm spezifische Chance zu Freiheit und Selbstbestimmung wahrnehmen? Zu diesen Grundfragen der Sozialpsychologie versammelt dieses Lesebuch zentrale Texte des 20. Jahrhunderts.

Das Wörterbuch des Gutmenschen

Betroffenheitsjargon und Gesinnungskitsch. Herausgegeben von Klaus Bittermannn.
247 Seiten. SP 2695

Gute Menschen haben Problembewußtsein, leisten Trauerarbeit und gehen ständig aufeinander zu. Sie sind mutig, kreativ und konstruktiv. Wenn sie in die öffentliche Debatte eingreifen, tun sie das aus Betroffenheit und aus tiefer Empörung, und das macht sie so richtig glaubwürdig. Gute Menschen halten sich für Querdenker, die die Mauer in unseren Köpfen einreißen wollen, sie sind immer offen für alle Fragen und Probleme und brechen mit Vorliebe verkrustete Strukturen auf. Menschlichkeit und Identität sind zentrale Pathos-Vokabeln ihrer Schaumsprache. – Die durchaus beabsichtigt polemischen Arktikel dieses »Wörterbuchs des Gutmenschen‹ analysieren, was sich hinter den hehren und wabernden Worten verbirgt: der sanfte Zwang zum Bekenntnis, die Affirmation des Bestehenden, Verbrüderungskitsch.

Jürgen Hesse
Hans Christian Schrader

Die Neurosen der Chefs

Die seelischen Kosten der Karriere. 237 Seiten. SP 2229

Sie werden gesucht, sie werden gebraucht, aber sie versagen: Führungskräfte, Vorgesetzte, Manager und Chefs. Die Hauptquelle von Frust, Verzweiflung und Ineffektivität am Arbeitsplatz sind unfähige Führungskräfte. Doch woher kommt diese zunehmend beklagte Unfähigkeit? Ist die Quelle dieser Persönlichkeitsdefizite in der Firmenstruktur oder in der ganz persönlichen Biographie zu suchen? Wer die Leiden der Leitenden – Einsamkeit, Neid, Rivalität, Streß –, wer ihre Süchte – Alkohol, Medikamente, Arbeit, Macht – und wer ihre Krankheiten und ihr kriminelles Potential kennt und durchschaut, hat schon viel für sich gewonnen.

Wer was verdient

und worauf es ankommt, wenn Sie Ihr Gehalt verhandeln. 246 Seiten. SP 2525

Zwischen dem Lohn der Aldi-Kassiererin und den Bezügen des Vorstandsvorsitzenden von Daimler-Benz liegen nicht nur Welten, sondern auch die Frage nach der Gerechtigkeit. Immer mehr verdienen immer weniger, und immer weniger verdienen immer mehr. Geld ist ein Symbol der Macht, was sich unschwer an der Unterbezahlung von Frauen und der Ersatzerotik alternder Vorstandsmillionäre erkennen läßt. Die Psychologen Jürgen Hesse und Hans Christian Schrader untersuchen die tiefgreifende Wirkung des Geldes und stellen die Frage nach Sinn und Gerechtigkeit bestehender Lohnsysteme. Sie brechen das Schweigen über Löhne und Gehälter und nennen Zahlen, Roß und Reiter. Außerdem schildern sie wichtige Strategien, die eigene Gehaltsvorstellung zu überprüfen und gegebenenfalls eine Gehaltserhöhung durchzusetzen. Denn: Verhandeln ums Geld lohnt sich fast immer.

SERIE PIPER

P. J. O'Rourke

Alle Sorgen dieser Welt

Sprengstoff für die Diskussion um Übervölkerung, Hunger, Rassenhaß, Seuchen und Armut. Aus dem Amerikanischen von Hans-Joachim Maass. 356 Seiten. SP 2243

Das Leben ist süß und angenehm – nie zuvor in der Geschichte ging es uns so gut: Wir haben genug zu essen, in einer Vielfalt, von der unsere Vorfahren nicht einmal träumen konnten. Unsere Kleidung ist bequemer, unsere Wohnungen sind wärmer. Die Medizin schützt uns vor Krankheiten, an denen früher die Menschen wie die Fliegen gestorben sind. Wir können reisen, uns informieren, kommunizieren, uns stehen Bildungsmöglichkeiten zur Verfügung wie nie zuvor. Und schließlich haben die großen politischen Gefahren dieses Jahrhunderts nachgelassen: die Atombombe, der Faschismus, der Kommunismus. Trotzdem: Trübsinn hüllt die Erde ein. Aus jeder Ecke des Globus hören wir Jammern und Wehklagen. – Mit Weitwinkel im Blick und einem guten Schuß polemischem Humor nimmt sich O'Rourke der Sorgen um die Welt an.

Steffen Herbold

Poesie für Manager

127 Seiten. SP 2493

Standort Deutschland – auch für Dichter und Denker! Heute wird viel unternommen in den Unternehmen, um Arbeit mit Sinn zu versehen, auf daß die »Ressource Mensch« tüchtig bleibe und uns allen die wirtschaftliche Wettbewerbsfähigkeit erhalte. Was das mit Poesie zu tun hat? Eigentlich nichts – und doch sehr viel, denn Poesie hat mit Kreativität zu tun und Kreativität mit Produktivität und das Ganze mit Wirtschaft. Steffen Herbold lädt ein zu einer kurzen, aber erlebnisreichen Reise durch die Poesie. Reiseteilnehmer sind jene, die im schnöden Geschäftsalltag die Kraft von Visionen, die Liebe zu den Dingen und den Zauber der Sprache vermissen. Ein Reiseführer zum Lesen, Genießen und Mitmachen. Der Blick über den Tellerrand der Ökonomie in die Kochtöpfe der Poesie tut gut.

SERIE PIPER

Erving Goffman

Wir alle spielen Theater

Die Selbstdarstellung im Alltag. Aus dem Amerikanischen von Peter Weber-Schäfer. Vorwort von Ralf Dahrendorf. 256 Seiten. SP 312

An verblüffenden Beispielen zeigt der Soziologe Goffman in diesem Klassiker das »Theater des Alltags«, die Selbstdarstellung, wie wir alle im sozialen Kontakt, oft nicht einmal bewußt, sie betreiben, vor Vorgesetzten oder Kunden, Untergebenen oder Patienten, in der Familie, vor Kollegen, vor Freunden.
Erving Goffman gibt in diesem Buch eine profunde Analyse der vielfältigen Praktiken, Listen und Tricks, mit denen sich der einzelne vor anderen Menschen möglichst vorteilhaft darzustellen sucht. Goffman wählt dazu die Perspektive des Theaters. Wie ein Schauspieler durch seine Handlungen und Worte, durch Kleidung und Gestik, angewiesen von einer unsichtbaren Regie, einen bestimmten Eindruck vermittelt, so inszenieren einzelne und Gruppen im Alltag »Vorstellungen«, um Geschäftspartner oder Arbeitskollegen von den eigenen echten oder vorgetäuschten Fähigkeiten zu überzeugen. Daß dies nichts mit Verstellung zu tun hat, sondern ein notwendiges Element des menschlichen Lebens ist, macht Goffman anschaulich und überzeugend klar.

»Die soziale Welt ist eine Bühne, eine komplizierte Bühne sogar, mit Publikum, Darstellern und Außenseitern, mit Zuschauerraum und Kulissen, und mit manchen Eigentümlichkeiten, die das Schauspiel dann doch nicht kennt... Goffman geht es... um den Nachweis, daß die Selbstdarstellung des einzelnen nach vorgegebenen Regeln und unter vorgegebenen Kontrollen ein notwendiges Element des menschlichen Lebens ist. Der Sozialwissenschaftler, der dieses Element in seine Begriffe hineinstilisiert – Rolle, Sanktion, Sozialisation usw. –, nimmt nur auf, was die Wirklichkeit ihm bietet... Soziologie macht das Selbstverständliche zum Gegenstand der Reflexion.«
Ralf Dahrendorf